퇴사가
늦어서
미안해

오늘도 고군분투 중인
워킹맘을 위로하는
퇴사 에세이

퇴사가 늦어서 미안해

고미숙 글 | 권냐이 그림

그래
더북

차례

Chapter 1. 엄마가 필요해
　계란 후라이의 힘 · 9
　최고 VIP의 민원 · 21
　부모는 아이의 든든한 지원군 · 30
　번아웃 · 41

Chapter 2. 전업맘의 일상이란
　평일에 안되는 엄마에서 되는 엄마로 · 55
　그냥 김미소 인생이요!! · 65
　미니멀까지는 아니더라도 가볍게 살고 싶다 · 75
　INTJ의 거절 · 83
　이제 집에 있는데… · 91

Chapter 3. 읽고 쓴 덕분
　출간 복권 · 101
　글 쓴 덕분 · 112
　아줌마 말고 저자 · 122
　그래도 책 · 131

Chapter 4. 그래서 이제 돈은 어떻게 벌건데?
　퇴직금을 받다 · 143
　좌충우돌 공모주 경험 · 151
　Invest In Yourself! · 161
　왜 하필 책방 · 168

에필로그 · 177

Chapter 1.
엄마가 필요해

계란 후라이의 힘

"어머니! 아이가 줌 수업도 안 들어오고 전화도 안 받아요. 지각입니다!"
"어머, 선생님! 알겠습니다. 바로 전화해 보겠습니다."

코로나로 등교도 하지 않고, 매일 줌 수업이 이어지는지라 생활 습관이 엉망진창이다. 엄마 아빠의 어수선한 출근 전쟁이 끝나면 아이들은 고요한 기운을 즐기며 제대로 잠을 청하나 보다. 고객들이 발걸음하기 전 얼른 아이를 깨워야 한다. 급히 핸드폰을 꺼내든 순간 예약 고객이 약속 시간보다 빨리 들어섰다. 모닝콜을 할 겨를도 없어 얼굴이 찌푸려졌지만 얼른 미간을 펴고 자신감 있게 인사를 건넸다.

"사모님, 안녕하세요~ 빨리 오셨네요! 이쪽으로 앉으세요! 이야~너무 예쁜 스카프하고 오셨네요. 잘 어울려요!"

달라진 헤어 스타일이나 포인트가 되는 액세서리, 표정의 미묘한 변화를 캐치하는 정도는 일도 아니다. 고객과는 여유자금 1억을 어디에 투자할지 상담하기로 했고, 영업하는 사람으로 입 바랜 소리는 아니더라도 이렇게 분위기를 조금 띄우면 고객 기분이 좋아지니 영업도 수월하다. 그런데 아직 자는 아이들 깨울 생각에 인사를 건네면서도 초조할 따름. 잠시 전화 걸고 오겠다고 해도 문제 될 것 없지만 이야기를 꺼내는 순간 오랜 시간 쌓아 올린 프로페셔널함이 깨질 것 같다. 워킹맘의 상황을 이해 못 할 분은 아니지만 고객 앞에서 사적인 일로 우왕좌왕하는 모습을 보이고 싶진 않다.

"미리 뽑아둔 자료인데요. 잠시 보고 계세요. 급한 전화 한 통만 하고 올게요."
"네, 괜찮아요. 천천히 해요."

얼른 회의실로 뛰어 들어가 전화를 걸었다.

'뚜- 뚜'
대답이 없다.
다시 걸었다.
'뚜- 뚜- 뚜'
역시 아무런 대답이 없다.

'뚜- 뚜'
집 전화 역시 대답이 없기는 마찬가지다. 더 이상 핸드폰을 붙들고 있을 수 없어 남편에게 전화를 걸었다. 왜 나만 이런 생쇼를 해야 하나 원망하면서. 회의실 밖으로 목소리가 새어 나갈세라 최선을 다해 작은 목소리로 이야기했다.

"몇 번을 걸어도 안 받아. 지금 고객님이 계셔서 전화를 못 하니까 자기가 걸어봐."

"어어, 알았어."

"많이 기다리셨죠? 죄송해요. 자, 다시 차근차근 설명해 볼게요."

순간 또래 아이를 키우는 옆자리 워킹맘도 핸드폰을 들고 후다닥 회의실로 뛰어 들어갔다. 그녀 역시 최선을 다해 작은 목소리로 이야기했지만, 아직 안 일어났냐며 다그치는 목소리가 새어 나왔다. 내 목소리도 문틈 사이로 새어 나왔겠지. 하루하루 정신없이 사는 나와 저 친구가 안쓰러우면서도 한편 나만 이러고 사는 건 아닌가 싶어 안도의 한숨이 나온다. 오전 내내 상품 설명을 하고 긴 가입 과정을 거쳐 고객의 펀드 가입이 마무리되었다. 그래도 성과가 있어 다행이다 싶은 그 무렵.

※

'카톡!'

'엄마, 점심은 김밥이랑 떡볶이 시켜주세요.'
'OK'

배달 앱을 열었다. 떡볶이를 장바구니에 담으려는 순간….

"안녕하세요? 일찍 도착했죠! 점심 드시러 가야 하는 거 아닌지 모르겠네요."

다른 고객이 들어섰다. 오늘은 새로운 상품이 출시되는 날이라 예약 고객이 많다. 은행이라는 게 정해진 점심시간도 없고 예약이라 해봐야 서로의 편의를 위해 약속했을 뿐, 고객이 오는 대로 일 처리를 하는 거니 빨리 방문했다고 전혀 문제 되지 않는다. 고객은 소위 '취약 소비자'에 속하는 연세가 많은 분이다. 더 자세히 설명해 드려야 해서 많은 시간이 소요됨을 의미한다. 판매 과정도 녹취해야 한다. 바쁜 날은 원래 더 엇갈리게 마련. 어쩔 수 없이 양해를 구하고 김밥부터 주문해야겠다. 이쯤 되면 프로페셔널해야할 VIP실 팀장의 면모는 온데

간데없고 바쁘고 애처로운 워킹맘일 뿐이다.

"어머님, 이쪽으로 앉으세요. 날이 너무 덥죠? 시원한 거 한 잔 드릴까요?"
"그러게. 날씨가 갑자기 더워졌네. 물 한 잔 줘요."

은행 전화벨이 울렸다. 얼른 물을 내어드리고 수화기를 집어 들었다.

"안녕하세요, 저 김 교수예요. 아니 요새 환율이 왜 이래요? 더 오를 것 같아요? 내릴 것 같아요? 지금 좀 사두는 게 좋을까요?"
"교수님, 죄송한데 다른 고객님 응대 중이라 상담 끝나는 대로 전화를 드릴게요."
"그럼 끝나는 대로 전화 줘요. 달러를 사야 할지도 모르니 빨리요~알았죠?"

전화를 끊자마자 기다리시던 고객에게 죄송하다는 눈빛을 건네며 얼른 메모했다.

'김 교수님- 환율 전망 콜백! Urgent!'

 한창 상품 설명을 하고 상품 가입을 위한 녹취를 진행하는 중 핸드폰이 울렸다. 아뿔싸! 아이들 점심을 깜빡했다. 녹취 중이라 전화를 받을 수도 없어 곧 연락한다는 메시지를 재빨리 보냈다.

'카톡, 카톡, 카톡'
'배고파요.'
'점심 언제 와요?'
'몇 분에 주문했어요?'
'전화 좀 받아요.'

 펀드 판매가 끝나자마자 회의실로 날아 들어갔다. 아이들에게 혼날 생각을 하니 심장이 쿵쾅거리고 미안한 마음에 눈물이 날 것만 같다. 이런 바보 같은 엄마, 아이들 점심 하나 제때 못 챙기다니.

 "엄마가 정말 미안해. 너무 바빠서 아직 주문 못 했어.

지금 바로 할게. 20분만 기다리자."

"네? 엄만 왜 맨날 우리 약속은 어겨요? 너무 배고픈데. 엉엉"

※

배도 고픈데 자주 벌어지는 상황이 속상한 아이들은 결국 울기 시작했다. 코로나로 학교에 가지 않는 날은 많고, 생활 습관도 무너졌다. 공부도 하는 둥 마는 둥, 학습 공백을 메꾸기도 버겁다. 학교에 갈 때는 그나마 점심 걱정은 덜었는데 요즘은 매일 배달 음식…. 아침은 늦잠 자느라 굶고, 점심은 배달 음식, 저녁 한 끼 겨우 챙겨 먹는 수준이다. 퇴근해서 돌아가면 몇 숟가락 뜨다 만 음식들이 식탁 위에 지저분하게 널브러져 있다. 오늘은 거실 바닥에 앉아 짜장면을 먹었는지 바닥이 온통 짜장면 면발에 짬뽕 국물 자국. 집에 들어서니 배고프다고 아우성친다. 엄마 얼굴을 보니 드디어 식욕이 당기나 보다.

"뭐 먹고 싶어?"

"계란 후라이요."

"계란 후라이 말고 더 맛있는 거 먹자~"

"아니에요. 엄마가 해주는 계란 후라이가 제일 맛있어요."

 프라이팬에 기름을 휘릭 붓고 지글지글 금방 익혀내면 되는, 소금은 뿌려도 되고 안 뿌려도 되는 하찮은 계란 후라이. 엄마가 해주는 계란 후라이. 문득 어릴 때 읽었던 짧은 동화가 떠올랐다. 제목은 〈엄마 냄새〉였던 것 같다. 주인공 아이는 세상의 무수한 냄새에 대해 생각하다 세상에서 가장 좋은 냄새는 아기 냄새라는 결론을 내렸다. 따뜻하고 꼬물꼬물한 아가에게서 나는 사랑스러운 냄새 말이다. 세상에서 제일 좋은 냄새는 아기 냄새. 아빠는 무슨 냄새를 가장 좋아할까? 아이가 아빠에게 물었다.

"아빠는 세상에서 무슨 냄새가 가장 좋아요? 저는 아기 냄새가 제일 좋아요."

엄마가 해주는 계란 후라이가 제일 맛있어요.

"그렇구나! 아기 냄새 너무 좋지. 음, 근데 아빠는 엄마 냄새가 제일 좋아~"

아이도 맞장구친다.

"맞아요. 세상에서 제일 좋은 냄새는 엄마 냄새예요."

책을 덮으며 왜 엄마 냄새가 제일 좋을까 궁금했던 어릴 적 모습이 떠올랐다. 엄마에게도 냄새가 있나? 왜 엄마 냄새가 세상에서 제일 좋은 거지? 그때는 잘 이해하지 못했다. 하지만 클수록 떠오르는 포근한 엄마 품, 문득문득 엄마 품에 안겨 있던 기억이 떠오를 때면 은은하게 퍼지던 따뜻한 엄마 냄새가 떠올랐다. 설명하기 힘든, 하지만 따뜻하고 따뜻했던 엄마 냄새. 커서야 비로소 알게 된 세상에서 제일 좋은 냄새. 바로 엄마 냄새. 계란 후라이는 아이들에게 엄마 냄새 같은 건가 보다. 그냥 계란 후라이가 아니라 엄마가 해주는 계란 후라이. 아무것도 아닌 계란 후라이를 먹으며 솔솔 뿌린 엄마의 사랑을 기억하고 추억하겠지.

"그래, 얼른 만들어 줄게."

고단했던 하루는 아이들 입으로 후루룩 들어가는 계란 후라이와 함께 저물었다.

최고 VIP의 민원

 은행에서 1년간 비서업무를 한 적이 있다. 20여 년 전이던 당시 '글로벌'이라는 슬로건 아래 미국, 일본, 프랑스 등 여러 나라에 연수 기회를 주는 프로그램이 있었는데 모 아니면 도라는 심정으로 지원한 연수에 붙었다. 연수를 마치고 돌아올 무렵 입행 동기와 나란히 행장님 비서가 되었다. 은행에서 비서업무를 하리라 생각해 본 적도 없거니와 비서가 무슨 일을 하는지도 몰라 긴장되지 않을 수 없었다. 신임 행장님의 취임을 축하하는 수많은 화환과 꽃다발 사이로 출근하며 잘할 수 있을지 걱정스러웠다. 먼저 비서를 하고 있던 동기는 어리버리한 나와는 달리 똑 부러지고 재발랐다. 동기의 피가 되고 살이 되는 잔소리를 들어가며 가장 먼저 배운 것은 바로 상대방이 원하는 걸 알아차리는 눈치였다.

회사 생활을 하는 사람이라면 누구나 알겠지만 눈치라는 것은 업무능력 이상의 영역이다. 능력이 떨어져도 눈치가 빠르면 능력치 이상의 혜택을 입기도 하고, 눈치 없이 구는 사람은 능력과 상관없이 한순간에 나락으로 빠지기도 한다. 은행 합병으로 비서 생활은 일 년 만에 마침표를 찍었지만, 사전에 '눈치껏' 준비하고 피드백하는 기술을 얻게 되었다. 덕분에 나중에 VIP실에서 일할 때도 눈치는 고객을 세심하게 응대하고 배려하는 나만의 궁극기*가 되었다.

순간의 머뭇거림, 곁눈질, 흔들리는 시선, 끝맺지 않은 말, 말과 말 사이의 공백만으로도 사람의 마음을 읽을

● 게임용어/궁극의 기술

수 있는 독심술 같은 걸 장착한 것 같았다. 은행 문을 열고 들어서는 고객의 태도나 모양새만 봐도 어떤 업무를 할지, 무엇을 물어볼지 예상되곤 했다. 물론 나만 특별한 건 아닐 거다. 많은 사람을 상대하는 직장인이라면 누구나 공감할 일. 그래도 CEO를 보좌하는 경험을 했던 사람으로서 다른 사람보다는 조금 더 눈치가 있다는 확신이 들었다.

오랜 시간 개인기를 펼치며 은행 고객들을 정성껏 모셔 왔는데, 정작 내 인생의 가장 중요한 VIP 고객은 챙기지 않고 있었다. 그건 바로 가족, 특히 바쁜 엄마로부터 늘 외면당하던 아이들이었다. 가장 중요한 1번 고객●과 2번 고객은 엄마가 피곤하다는 이유로 외면받고 있었다. 은행에선 단어 하나 놓칠세라 고객 이야기에 귀 기울이면서 집에 있는 최고 VIP 고객의 이야기는 듣지도 않는 바쁜 엄마. 아이들이 무슨 생각을 하고 있을까 눈치채려 하지 않고 아예 아이들의 요구사항을 대놓고 무

● 은행 지점에서 제일 중요한 고객을 1번 고객이라고 표현하기도 함

시하는 엄마.

※

"띠링~VOC가 접수되었습니다!"

컴퓨터 오른쪽 아래에 팝업창이 올라왔다 사라졌다. 민원이다. 지점장님을 넘어 지역 본부장님까지 라인을 타는 사안이다. 고객 응대를 했던 직원에게 앞뒤 정황을 파악하고, 고객의 민원 사항을 몇 번이고 읽어보며 정리한다. 보고서를 작성할 때는 공모전에 응모라도 하듯 단어 하나하나 고르고 또 골라 글쓰기 실력을 발휘한다. 형식에 벗어나지 않는 반성문을 쓰는 것은 아닌지, 고객 관점에서 최선을 다한 글인지, 진심으로 해결하고자 하는지, 해결 방법은 제시하고 있는지. 지금 당장 해결할 수 없다면 차후에 개선할 수 있는지 그 순간만큼은 고객이 되었다고 생각하고 또 생각한다.

"엄마, 9시까지 온다고 했는데 왜 안 왔어요? 기다리다 잠들었잖아요."

"엄마, 숙제 도와준다고 했는데 왜 잠만 자요?"

"이번 주에는 꼭 놀러 가기로 했는데 왜 안 가요?"

"오늘 다른 엄마들은 학교 온다고 했는데 엄마는 왜 안 와요?"

"친구들이랑 놀 때 엄마도 같이 있으면 안 돼요?"

"엄마 은행 꼭 다녀야 해요?"

아이들의 수많은 민원은 하나의 일상으로 자리 잡아 대수롭지 않게 여기면서. 바쁘고 지친 내 입장부터 먼저 생각하기 일쑤면서. 아이들이 '엄마'~하고 부르면 요청 사항이나 불만이 이어지기 마련이니 잠시 누워 쉬고 싶을 때는 못 들은 척 외면하기 일쑤였다. 은행 민원은 난리를 치며 해결하면서 아이들 민원에는 귀를 막아버린다. 고객에게는 말 한마디에 혹여 상처받을 일이 생길까 단어 하나하나 고심하면서 정작 아이들이 얼마나 상처받을지는 생각도 안 하고 나오는 대로 내뱉었다.

"엄마 너무 피곤해."

"엄마 지금 바빠."
"지금은 시간이 없어."
"잠시만~"
"내일 해줄게."
…
"고객님 저희도 어쩔 수가 없다고요."

나도, 엄마도 힘들다고 투정이라도 부리고 싶은 거겠지. 그런데 상대가 고작 아이들이라니. 부끄러운 고백이지만 가끔은 안 좋은 감정과 스트레스가 오히려 전달되도록 심한 말을 골라서 하기도 했다. 엄마 좀 찾지 않았으면 하면서 말이다. 오늘 처리하지 못하면 내일로 넘기면 그만이다. 혹은 영영 처리하지 않기도. 엄마는 너무 피곤하니까. 부끄러워 쥐구멍에 숨고 싶은 심정이다. 고객에게는 단어 하나하나 신중하고 신중하게 선택하면서, 정작 나의 최고 VIP 고객에게는 막말을 해대고 있는 모양새란.

※

"오늘은 엄마가 아파서 집에 있었어요. 그래서 좋았어요. 엄마 사랑해요, 고마워요."

몸이 안 좋아 출근 못 한 날 오늘만큼은 함께 있어 좋았다는 둘째 아이의 일기. 둘째의 그림일기에는 환하게 웃으며 엄마를 부르는 아이가 있었다. 그림일기에 그려진 나는 침대에 누워 잔뜩 찌푸린 얼굴이다. 내 말풍선에는 "왜!"라고 쓰여 있다. 엄마 얼굴은 귀찮아 죽겠다는 표정인데 그런 얼굴에마저 환하게 웃고 있는 아이. 게다가 '사랑해요, 고마워요.'라니. 돌이켜보면 아이가 '엄마~'하고 부를 때마다 늘 '왜!'라고 짧고 강하게 말했다. 다정하고 길게 '왜애~?'가 아니라 또 물어보면 혼낼 줄 알라는 뉘앙스의 짧고 간결한 '왜!'.

"엄마 바쁘고 힘드니까 빨리 말해!"
"또 왜? 꼭 엄마를 불러야 하니?"

아이가 알게 모르게 얼마나 상처받았을까. 엄마가 기뻐할 거라 기대하며 그림일기를 들고 안방으로 달려 들어온 그날도 아이는 나를 향해 환하게 웃어 주었다. 사랑스러우면서도 가슴 한쪽이 찌릿한 순간을 남겨두고 싶은 마음에 얼른 핸드폰을 꺼내 아이의 환한 미소를 카메라에 담았다. 아파 누워있어도 오늘은 엄마가 집에 있다는 사실이 기쁘고 행복하기만 아이. 오늘 하루를 꼭 기억하고 반성해야지.

워킹맘은 등교하는 뒷모습을 바라보며 잘 다녀오라 배웅도 못 해주고, 학교에서 집에 들어서는 순간 잘 다녀왔냐는 인사도 해주지 못한다. 늘 바쁘다는 말을 입에 달고 사는 엄마이기에 미안한 마음은 가득하지만 정작 체력은 따라주지 않는 것도 현실. 이 핑계 저 핑계를 대며 조그만 녀석들의 요청 하나 제대로 해결해 주지 못한다. 물론 육아란 어디로 튈지 모르는 럭비공과 같아 화가 치밀어 오르기도 하고, 두들겨 패고 싶은 순간도 한두 번이 아니다. 이럴 땐 혼자 은행 놀이를 해야겠다. 아이들은 내 최고 VIP! 가장 소중히 모셔야 할 고객. 20년간 쌓아 올린 눈치 실력 좀 발휘해 볼까?

"네! 고객님. 뭐가 필요하세요?"

"네! 고객님 어떻게 해드릴까요?"

"네! 고객님, 이리 와서 숙제 좀 하시죠."

"네! 고객님, 왜 화나셨어요? 무엇을 도와드릴까요?"

아이들을 대하는 마음가짐이 달라지고 스멀스멀 올라왔던 격한 감정들이 희한하게 사그라든다. 사춘기에 접어든 큰아이는 공손한 엄마 태도에 피식 웃음을 터트리고 아직 천지 구분을 못 하는 둘째 녀석은 까르르 웃는다. 그러고 보니 그동안 VIP 대접 한 번 받아 보지 못한 1번 고객님과 2번 고객님. 이제부터라도 궁극기인 〈눈치〉를 꺼내 인생 최고의 VIP 고객으로 모셔야겠다.

부모는 아이의
든든한 지원군

"엄마, 학교 가기 싫어요."
"응? 왜? 학교에서 무슨 일 있었어?"

 아이와 잘 통한다고 생각했는데 아이는 그렇지 않았나 보다. 그 일이 일어나기 전까지는 제대로 된 소통을 한 적이 없었던 모양이다. 남자아이들은 학교생활을 미주알고주알 얘기하지도 않거니와 주먹다짐 같은 특별한 사고만 없으면 무탈하게 생활하는 거라 믿었다. 바람대로 아이는 학교에서 일어나는 일에 대해 그다지 말한 적도 없고, 모범생은 아닐지언정 큰 문제 없이 잘 다니고 있었다. 그렇게 착각하고 있었다. 큰아이가 5학년 거의 끝나갈 무렵인 10월이 되기 전까지는 말이다.

몇 마디 묻지도 않았는데 아이는 울기 시작했다. 여태껏 이렇게까지 버틴 적은 없었는데. 처음에는 별일 아니겠거니 싶었는데 심상치 않은 것 같았다. 그래도 학교란, 조금 힘든 일이 있어도 훌훌 털어버리고 가야 하는 곳. 요맘때 아이들이 보통 한두 번은 학교 가기 싫다는 이야기를 으레 하기에 이 상황도 감기 같은 거로 생각했다. 그렇지만 도대체 무슨 일이 쌓여서 울음을 멈추지 않는 걸까? 순간 불안한 마음에 달래어 이야기를 들었다.

"엄마, 제가 자꾸 숙제를 안 해가서, 훌쩍, 쉬는 시간에 일어날 수가 없어요."
"응? 숙제했다고 했잖아. 계속 안 해간 거야?"
"네, 학습지를 매일 풀어가는 게 너무 싫어요."
"그래도 숙제를 안 한 건 잘못한 거지. 선생님이 화내실 만도 해. 그런데 쉬는 시간에 일어날 수 없다는 건 무슨 말이야?"

"숙제를 안 하면 쉬는 시간에 일어날 수가 없어요. 훌쩍, 훌쩍."

선생님은 매일 수학 학습지를 풀어오라는 숙제를 내주셨고, 숙제를 안 해가면 쉬는 시간에 자리를 못 뜨게 한다고 했다. 선생님도 한창 뛰어놀 아이를 처음부터 그렇게까지 훈육하지는 않았겠지. 숙제를 하도 안 해가서 화가 나셨나 보다. 하지만 이해되지 않는 부분은 다른 친구가 벌 받는 아이와 이야기하면 그 친구마저 자리를 뜰 수 없다는 것이었다. 그러니 친구들이 점점 말을 걸지 않게 되었다. 선생님께도 찍히고 친구들에게도 찍혀 버렸다.

숙제를 안 한 것은 분명 잘못이고 숙제를 챙기지 못한 나 역시 잘못이 크지만 한창 에너지 넘치는 12살 남자아이가 화장실 가는 시간 말고는 대부분 책상을 지키고 앉아 있다니 그런 체벌이 합리적이지 않다고 여겨졌다. 벌을 받으면서도 숙제를 안 해가는 녀석도 이해가 되지 않지만, 선생님의 훈육방식도 이해되지 않는다. 한창 친구들과 놀고 싶고 학교가 사회생활의 전부인 아이에게 이런 훈육은 가혹하다.

※

"아이가 숙제를 너무 안 해와서요."

며칠 뒤 선생님의 전화가 걸려 왔다.

"숙제를 안 해서 몇 번 혼냈는데 반항하기 시작하더라고요."
"아휴, 선생님 죄송합니다. 저도 잘 챙겨볼게요. 매일매일 하는 건지 몰랐습니다. 제 불찰입니다. 부족하더라도 가끔 격려해 주시면 더 잘할 겁니다."
"그럼요. 어머니도 함께 챙겨봐 주세요."

그래, 선생님께서 앞뒤 없이 아이를 훈육했을 리 없다. 아이에게는 선생님께서도 네가 미워서가 아니라고 노력해 보자고 설득했다. 아이가 알아듣게 이야기했다 싶었고 선생님께서도 잘 챙겨보겠다 하셔서 안심되었다. 아이도 다는 못하더라도 할 수 있는 만큼 문제집을 풀어보겠다고 약속했다. 앞으로는 문제없으리라 생각했는데 며칠 안 가 또 학교에 가지 않겠다고 했다.

"엄마, 선생님께 잘 부탁한다고 얘기했어요?"
"응? 아, 그게 뭘 특별히 잘 부탁한다는 게 아니라 부족해도 격려해 달라 말씀드린 거야. 왜?"
"엉엉, 엄마가 잘 봐달라 부탁했다고. 엉엉. 친구들 다 보는 앞에서. 왜 그런 부탁을 해가지고선."
"응? 선생님께서 정말 그렇게 말씀하셨어? 친구들 앞에서?"
"엉엉…."

회사 일은 똑 부러지게 했을지 모르나 생전 학교에 찾아가 보지도 않고 그럴 시간도 없었던 어리석고 무지한 엄마는 상황이 도무지 이해되지 않았다. 학교가 어떻게 돌아가는 곳인지 관심을 가져본 적도 없었다. 직장 생활만으로도 벅찼고 아이는 학교가 알아서 잘해줄 거라 믿었다. 갑자기 닥친 상황이 혼란스러웠다. 엄마인 내가 어떻게 접근해야 하는지 젬병이라 또래 아이를 돌보는 전업맘 친구에게 자문을 구했다.

"그래서 내 말은⋯. 학교에 가서 상황을 확인해 보고 싶기도 하고⋯. 아이랑 내가 잘못한 부분은 사과하겠지만, 아이 말이 사실인지도 확인하고 싶어. 만약 아이 말이 사실이라면 아이에게 사과해달라고 부탁하려고."

"어휴, 말도 안 되는 소리지. 선생님께 그렇게 얘기한다고? 이제 5학년도 끝나잖아. 그냥 참아. 동생도 같은 학교 다니는데 그래 봐야 괜히 소문나고. 찍히고. 동생한테 좋을 리도 없어."

결국 선생님 말씀을 듣지 않고 숙제도 하지 않는 아이 엄마가 따지더라, 직장 다니는 엄마가 일 때문에 바빠서 아이가 어떻게 생활하는지 관심도 없더라. 이런 스토리다. 자는 아이 얼굴을 바라보고 있자니 오만가지 생각이

들었다. 엄마 아빠가 어떻게 해주기를 바랄까. 왜 이런 힘든 이야기를 진작 못 했을까? 해결할 수 없는 문제라고 생각했을까? 어떻게 해야 조금이라도 든든한 마음이 들까? 어떻게 하면 제자리로 돌아갈 수 있을까?

내 눈에는 착하고 귀여운 아이지만 학교에서는 다른 모습일 수도 있다. 숙제 안 하는 아이. 수업 분위기 흐리는 아이. 자기주장이 강한 아이. 선생님 눈에는 구제 불능이라 여겨진 걸까? 생각하고 또 생각한다. 어디서부터 꼬인 걸까? 오해는 없을까? 생각할수록 부모가 아이의 든든한 지원군이 되지 않으면 안 된다 싶다. 잘못한 부분은 사과드리고 올바른 학습 태도를 위해 노력하면 될 것이고, 선생님의 부당한 처우가 있었다면 아이에게도 사과해 주십사 말씀드리면 될 일이다.

5학년이 한 달이 남든 하루가 남든, 아이에게 편안한 학교생활이 되도록 부모가 힘써주지 않으면 누가 힘써줄까? 무엇보다 어렵사리 꺼낸 아이의 이야기를 별일 아닌 걸로 넘기고 싶지 않다. 아이가 보낸 SOS 신호에 최선을 다해 해결하는 모습을 보이고 싶다. 적어도 힘들다고 얘기했는데 해결되는 게 없다는 좌절감을 심어주고 싶지는 않아서 며칠 고민하다 선생님을 찾아갔다.

※

"처음 뵙겠습니다."
"네, 안녕하세요? 이쪽으로 앉으세요."

 선생님께서는 아이들 의자를 가리켰다. 작은 의자에 걸터앉아 선생님과 눈을 마주쳐 보았다. 작은 의자에 구겨 앉으니, 마음도 작아졌다. 전용 상담실은 없는 걸까? 낮고 불편한 의자에서 더욱 쪼그라들었다. 며칠 밤낮을 고민하다 왔는데 의자에서 공평하지 않은 전선이 형성되었다. 출근 전 찾아뵙느라 아침 일찍 방문했는데 등교하는 반 친구들이 들을 수도 있다는 사실도 신경 쓰였다. 크게 한번 숨을 쉬고선 미리 메모해 두었던 수첩을 꺼내 들었다. 긴장해서 하려던 말을 잃어버릴까 적어왔다.

작은 의자에 구겨 앉으니, 마음도 작아졌다.

"선생님, 아이를 맡기고 부모 역할도 제대로 못 한 것 같습니다. 저희 아이가 잘못한 여러 가지 언행에 대해 사과드립니다. 이번 기회에 잘 알지 못했던 아이의 학교생활을 파악하고 많이 반성 중입니다. 아이도 속상해했어요."

잠시 망설이다 궁금했던 부분들을 여쭈어보았다. 5학년 대부분의 시간 동안 원한만 교우 관계를 맺을 수 없었던 점, 진작 부모와 상담하지 않았던 점, 아이들 앞에서 수시로 망신을 주었던 점. 그렇게 도발은 시작되었다. 나의 도발로 주목받고 소문도 나고 행여 동생에게까지 여파가 미칠 수도 있다. 부모가 참고 아이부터 단속하는 것이 맞지만 아이가 힘들다고 이야기한 만큼 믿어주고 목소리를 내어주고 싶었다. 남은 한 달이라도 친구들과 환한 웃음을 지으며 뛰어놀면 싶었고, 적어도 공개 왕따는 당하지 않았으면 싶었다.

상담을 끝내고 돌아서는 발걸음이 가볍지만은 않았다. 선생님께서는 감정적인 체벌에 대한 개선을 약속하셨지만, 여태껏 나는 뭘 했단 말인가. 입이 열 개라도 할 말이 없다. 아이는 스스로 잘 클 거라고 착각했다. 열심히 사는 모습을 보여주면 잘 따라올 거라 착각했다. 아이 마음을 읽기 위해 상담도 다니기 시작했고 한없이 아이 눈치를 보며 엄마라고 부르면 하던 일을 멈추고 들어주었다. 육아서적에 나온 바람직한 태도를 실천하려고 애썼다. 하고 싶은 말을 하기보다 아이가 하고 싶은 이야기를 듣는 데 초점을 맞췄다.

예전에는 하고 싶은 말을 속사포처럼 쏟아내었다면 이제는 아이가 들을 준비가 되었다고 생각될 때 간결하고 부드럽게 이야기했다. 기대치만큼 따라오지 못해도 닦달하지 않았다. 아이 역시 자기 이야기를 들어준다고 생각했는지 마음을 터놓기 시작했다. 힘들다고 SOS를 쳤을 때 엄마 아빠가 외면하지 않고 자신의 이야기를 들어 주었다고 생각했는지 시시콜콜한 이야기도 하기 시작했다. 개인적으로는 참 힘들었던 해프닝 이후 아이에게 더욱 든든한 지원군이 되었고, 무슨 일이 생기더라도 함께 나눌 수 있는 친구가 됐다.

그거면 충분했다.

번아웃

 몇 년 전 동갑내기 워킹맘과 같은 지점에서 근무할 때였다. 그 친구 역시 두 아이의 엄마인지라 함께 전장에 나온 전우처럼 힘든 일, 궂은일을 나누고 맘에 들지 않는 상사 욕도, 마음대로 움직이지 않는 남편 욕도 함께하며 허물없이 지냈다. 하루는 출근하자마자 친구가 전쟁 같은 아침 출근 이야기를 하소연하기 시작했다. 출근 준비하느라 바빠 죽겠는데 남편은 아무 일도 하지 않고 쏙 출근해 버렸고, 두 딸은 학교 가기 싫다며 투정을 부려 답답했다고 말이다.

"나도 출근하기 싫은데 애들이 학교 가기 싫다고 해서 한 소리 했잖아. 엄마도 출근하고 싶어 하느냐고 빽 소리를 질렀지!! 가기 싫어도 해야 하는 일이 있으니 참고 출근하는 거라고 말이야."

"아이고, 아침부터 고생했네. 커피 한잔해. 그래도 애들한테는 출근하는 게 지긋지긋하다고 얘기하지 말지 그랬어. 매일매일 일어날 새로운 일이 기대되고 최선을 다해 일하고 있으니까, 너희들도 학교생활 즐겁게 하고 오라고 하지 그랬어."

얼마나 재수 없는 대답이었던가? 혼자 속으로 되뇌었으면 되었을 걸 힘들어하는 사람은 아랑곳하지도 않고 건방지기 짝이 없는 말을 내뱉어 버렸다. 당시의 나는 한창 일이 재밌고 즐거웠다. 아들 둘 키우는 것보다는 일하는 게 훨씬 보람 있다고 생각했다. 집에서 세수도 안 하고 퍼질러 있다 동네 엄마와 수다 떠는 인생보다 자아실현이 가능한 인생이라고 말이다. 쳇바퀴처럼 돌아가는 직장 생활이 지칠 때도 있지만 일하는 것이 재믾고 성과를 내는 것이 재미있던 시절이었다. 무엇보다 즐겁게 일하는 모습을 아이들에게도 보여주고 싶었다. 하지만 그런 나도 번아웃을 피해 가진 못했다.

"아니 전에 있던 직원들은 다 해줬는데 왜 자기만 맨날 안 된다고 하는 거야? 우리 아들이 바빠서 올 수가 없단 말이야. 다 아는데 좀 해줘."

20년 은행 생활하다 보면 고객의 투정 따윈 아무렇지도 않다. 그런데 어느 순간부터 사소한 일에도 화가 치밀어 오르기 시작했고 웬만해서 눈 하나 깜박하지 않고 처리하던 일들이 점점 거슬렸다. 직원에게조차 친절하고 배려심 깊은 고객이 대부분이지만 아주 가끔 출현하는 상습 투정 고객에게 웃는 얼굴로 응대하기에는 몸과 마음이 지쳐갔다. 눈이 터질 것 같았고, 머리가 깨질 듯 아파 모니터를 보아도 뭘 보고 있는지 모를 지경이 되었다. 인기 강사 김창옥 님은 저서 〈지금까지 산 것처럼 앞으로도 살 건가요?〉에서 번아웃 증후군을 이렇게 이야기했다.

'고로쇠나무처럼 자기가 살아남기 위한 물은 간직하고 내어주지 않아야 하는데, 그렇지 못한 사람이 있다. 자신에게 필요한 물을 남긴 채 일을 해야 하는데 자기 물을 다 빼줘서 물 없는 나무. 샘물은 위에서 들이붓는 것이 아니라 밑에서 차오르는 것이다. 샘물이 말랐다고 생각될 때는 뭔가를 억지로 하려고 하지 말고 가만히 내버려 두어야 한다. 내 안의 수원에 문제가 없으면 조금씩 물이 차오른다. 필요한 것은 시간이다. 마치 겨울에 모든 생명이 잠시 쉬어가듯 말이다. 겨울은 아무것도 하지 않는 시기가 아니라 땅의 기운이 차오르길 기다리는 시간이다.'

아무것도 하지 않으며 기운이 차오르길 기다려야 하는 순간이 다가왔나 보다. 번아웃. 지끈거리는 두통은 더 이상 타이레놀 한두 알 정도로는 해결되지 않았다. 동네 병원에서 해결될 두통도 아니고, 병원 갈 시간도 없다. 점심시간이면 허기진 배를 채우기보다 작은 뒷방에 들어가 드러누워 있기 바빴다. 자고 일어나면 좀 나아질까 기대해 보아도 두통은 나날이 심해졌다. 몸속 안 수분이 죄다 빠져버렸나 보다. 조금의 물도 남아 있지 않아 말라 가는 나무처럼. 가만히 내버려 두어야 생명을 유지할 수 있는 물이 차오를 텐데 하루하루 말라가기만 했다.

※

 바쁠 때는 직장인이라면 매년 받는 건강검진조차 번거롭게 여겨졌다. 언제부터인가 검진을 받을 때 의무적으로 휴가를 사용하게 되었지만, 바쁜 평일에는 건강검진 따위로 휴가를 쓰기에 마음이 무겁고, 또 황금 같은 토요일은 아이들과 함께할 수 있는 시간이 아까워 미루고 미루는 일정이 건강검진이었다. 검진할 때마다 늘어 가는 고장 난 몸 이곳저곳이 걱정되긴 해도 여전히 내 몸 하나 챙길 시간은 빠듯했고 미루고 미루다 해를 넘기기 직전 마무리를 짓던 일정이었다. 검진을 받으면서도 회사 일을 떠올리고 아이들 학원 시간을 계산했다. 무언가를 하면서도 다음 일정을 체크하는 나. 시간만큼 소중한 자산은 없다.

가만히 내버려 두어야
생명을 유지할 수 있는 물이 차오를 텐데…

"이건 추가 검사를 받는 게 좋을 것 같아요."
"네?"

의사 선생님께서 정신 차리라는 듯 말씀하셨다. 순간 언젠가 봤던 드라마의 한 장면이 스쳐 지나갔다.

"나…. 비행기 타기 너무 무서워. 이 고체 덩어리를 어떻게 믿어. 난 비행기 따위 절대 탈 수 없어."
"이봐. 비행기 사고가 날 확률은 거의 없어. 와인 한잔 마시고 푹 자고 일어나면 도착해 있을 거야."
"자는 동안 무슨 일이 일어나면 어떡하라고. 아이들도 있고, 모셔야 할 부모님도 계시고, 지켜야 할 게 너무 많은데 비행기 사고로 죽으면 어떡해, 강아지는 또 어떡하고."

코믹 드라마였다. 일어날 일 없는 비행기 사고로 죽으면 어쩌나 걱정이 돼서 미칠 것 같은 여주인공의 대사였다. 언젠가 비행기 터뷸런스를 경험한 이후로 비행기만 타면 심장이 두근거리고 손에 땀이 나는 나로서는 그 장면이 우습지만은 않았다. 게다가 나 역시 지켜야 할 게 너무 많으니 말이다. 무엇보다 아직 손이 많이 가는 어린아이들. 의사 선생님이 흔들리는 비행기에 지금 당장 탑승하라고 말하는 것 같다.

'선생님, 제가 지켜야 할 게 좀 많은데요. 그렇게 말씀하시면 너무 무섭잖아요.'

※

"오빠, 있잖아, 이제 정말 회사 관두려고. 부모님께 말씀을 드리긴 해야 하는데 대신 운 좀 띄어줄 수 있어? 직접 말씀드리려니 마음이 힘들어서. 곧 찾아뵐게."
"그래. 내가 잘 말씀드릴게."

친정 부모님께 퇴사 이야기를 직접 꺼내지 못하고 친정 오빠 힘을 빌렸다. 예전에도 퇴사 선언을 한 적이 있다. 돌이켜보면 정말 관둘 생각은 아니었지만 위로받고 싶었나 보다. 다들 왜 좋은 직장을 관두냐며 말렸지만 유일하게 친정 오빠만 그만 해도 된다고 말해주었고 그 말 한마디에 다시 힘낼 수 있겠다는 생각이 들었다. 이렇게 해야 한다, 저렇게 해야 한다는 조언이 아니라 마음을 알아주는 공감의 한마디가 사람을 위로한다.

그렇게 마음속에 품어 두었던 퇴사 프로젝트를 실행했다. 21년 만의 퇴사. 누가 뭐라든 내 인생이고 챙겨야 할 중요한 것들을 놓쳐서는 안 된다는 생각뿐. 비로소 인생의 주인공이 되었다.

'아, 여기서 오른쪽으로 꺾어야 하는데!!'
'악!'

자전거에서 튕겨 나와 바닥에 떨어졌고, 화단 어딘가에 고꾸라진 몸뚱이가 느껴졌다. 목과 어깨가 몹시 쓰라렸다. 미리 속도를 줄였어야 했는데 후회해도 소용없다. 일을 하는 동안 종종 어린 시절 자전거를 타다 넘어지던 느낌이 들었다. 나뒹굴지 않으려면 미리 속도를 줄여야 하는데 멈출 수 없는 느낌. 가속이 붙은 자전거에 몸을

맡긴 채 달려가는 불안한 느낌. 방향을 바꾸려면 천천히 속도를 줄여야 한다. 이번만큼은 안전하게 방향을 틀고 싶다.

퇴사를 완전히 결심한 날, VIP 고객에게 보고했다.

"엄마, 회사 관둘 거야. 이제 매일매일 같이 있을 수 있어. 좋지?"

회사에 다니지 않는 엄마를 생각해 본 적 없는지 두 아이는 놀란 토끼 눈을 하고 물었다.

"네? 정말요? 거짓말이죠? 회사 관둔다는 말 거짓말이죠? 그냥 며칠 휴가 쓰는 거 아니에요? 며칠 쉬다 다시 출근하는 거 아니에요?"

"아니야, 정말이야. 너희들이랑 매일매일 같이 있는 엄마가 될 거야. 퇴사가 늦어서 미안해."

Chapter 2.
전업맘의 일상이란

평일에 안되는 엄마에서
되는 엄마로

"아이 치아 상태를 보니 교정이 필요해요. 앞니 유치는 바로 뽑아드릴게요. 교정 시작하면 매달 병원 오셔야 하니까 접수대에서 이후 일정 잡고 가세요."

교수님은 보기만 해도 둔탁하고 무서운 펜치를 꺼내시더니 아무렇지도 않게 앞니를 뽑아버렸다. 아이는 발버둥 칠 겨를도 없었다. 앞니가 2개씩 붙어서 내려오는 바람에 어릴 때부터 고민이었는데 둘째 아이의 치아 상태는 역시 좋지 않았다. 동네 치과에서는 앞니가 붙어 있어 마취도 해야 하고 전체적인 교정이 필요하니 대학병원에 가야 한다고 했다. 대학병원은 잠시 짬을 내고 갈 수도 없거니와 토요일 진료도 없기에 연차를 내고 방문한 터였다. 그 해 마지막 연차였다.

"네? 매 달이요? 제가 일을 하고 있어서 올해는 연차도 없고, 올 수 없는데. 어쩌죠? 꼭 매달 와야 하나요?"
"네, 어머니. 매달 오셔야 해요. 시간이 안 되면 오실 수 있을 때 다시 오세요."

동네 병원에서는 마취해야 한다던 발치를 순식간에 해버린 교수님은 흘깃 쳐다보며 차갑게 대답하셨다. 둘째 아이는 치아 상태가 안 좋아 늘 충치 걱정이었고 뒤이어 내려오는 앞니 영구치도 2개밖에 없었다. 설상가상 치아 배열도 뒤죽박죽이라 교정이 필요한 상태였다. 집 근처에는 소아치과가 있는 대학병원이 없어 먼 서울대 치과병원을 어렵사리 방문한 거였다. 집에서 왕복 3시간 거리.

교정을 다음 해로 미룬다고 하더라도 일 년에 13일밖에 없는 휴가를 매월 한 번씩 열두 번 치과에 쓸 수도 없는 일. 올해뿐만 아니라 내년도 교정은 어렵다는 이야기다. 그렇게 엉망진창인 아이의 치아를 이러지도 저러지도 못하게 되었다. 꼭 대학병원이 아니더라도 근처 교정을 잘하는 개인 병원에 가도 되지만, 동네 치과 선생님께서 대학병원이라고 말씀하셨고 머릿속에는 이미 '대학병원'이라는 명령어가 박혀버렸다. 돌아오는 발걸음이 무거웠다. 속상하고 미안했다.

 퇴사 후 바로 교정 접수를 했다. 해야 할 여러 과제 중에서도 시급하고 중요했다. 한 달에 한 번 교정 진료를 받느라 왕복 세 시간이라는 시간을 들여도 좋았다. 아이도 엄마와 시간을 보낼 수 있다는 사실에 의미를 두고 있는 듯했다. 아이는 치과 진료가 끝나고 대학로를 걷는 것도 좋아했는데 일하는 엄마와는 결코 상상할 수 없는 일이었다. 평일 낮에 엄마와 단둘이 손을 잡고 데이트하다니. 그것도 잔소리하는 형도 없이 단둘이!

"엄마, 입을 아~크게 벌리고 사진을 여러 번 찍는 건 힘들지만, 그래도 참을 수 있어요. 엄마랑 단둘이 오니까 너무 좋아요."

'너무 좋아요!'라는 아이의 말에 왕복 세 시간간의 고단함이 사르르 녹아버렸다.

※

퇴사 후 아이들은 기다렸다는 듯 병원 신세를 지기 시작했다. 책을 출간하며 많은 도움을 받은 출판사 편집장님과 에디터님과 식사를 하고 있던 어느 날.

'띠링, 띠링'

몇 번이나 휴대폰이 울렸지만, 모르는 번호라 무시하고 계속 대화를 이어 나갔다.

'○○이 어머니 되시죠? ○○이가 놀이터 미끄럼틀에서 떨어져서 119를 불렀습니다. 문자 보시면 바로 연락

해 주세요.'

 소주 몇 잔에 살짝 어질하던 찰나 알코올 기운이 달아나며 심장이 쿵쾅거렸다. 얼마나 다쳤길래 119가 온다는 거지? 급히 전화를 걸었다. 마스크로 눈을 가리고 놀다 미끄럼틀 위에서 떨어졌다고 한다. 움직일 수도 없어 찬 바닥에 누워서 바들바들 떨고 있는지라 담요를 덮고 119차량을 기다리고 있다고. 놀이터 정도는 일일이 쫓아다니지 않아도 될 나이로 생각했는데 이런 큰 사고가 나다니 말문이 막혀버렸다.

 119차량에 탑승할 보호자도 없어 동네 친구에게 부랴부랴 전화를 걸었다. 엄마들 모임에 나가지도 않는데 급할 때 전화할 수 있는 친구가 있다는 사실이 너무나 감사한 순간이었다. 친구는 그 길로 놀이터로 달려가 주었고 못난 어미 대신 119에 올라타 병원에 가는 내내 핫라인이 되어 주었다. 전업맘이 되었는데도 아이가 119에 실려 갈 정도로 다쳤다는 죄책감에 몸서리치며 응급실로 달려갔다. 드라마틱한 순간에 엄마가 곁을 지키지 않았다는 사실에 화라도 내지 않을까 걱정했지만, 엄마가 오니 한결 편안해 보였고, 여전히 말이 많은 걸 보니 안심이 됐다.

친구에게 고맙다는 인사를 몇 번이나 하고 돌려보낸 뒤 정신을 차리고 보니 내일 출근을 안 해도 된다. 또 한 번 안도의 한숨이 나왔다. 아이가 아프거나 다치면 반사적으로 엄마 아빠 중 누가 휴가를 낼 수 있을지, 주위에 도움받을 만한 사람은 없는지 머리를 쥐어짜 내는 게 일상이었다. 휴가 내기도 힘든데 아이가 이렇게 다쳤다면 어땠을까 싶어 간담이 서늘했다. 직접 아이를 보살필 수 있다는 사실에 감사했다. 당분간 깁스한 상태로 병원도 다녀야 하는데 이렇게 집에 있는 엄마이니 얼마나 다행이란 말인가. 옆에서 밥도 떠먹여 주고 세수도 시켜주고 똥도 닦아줄 수 있으니 말이다.

※

"어머니, ○○이가 체육 시간에 피구하다 팔을 다쳤어

얼마나 다쳤길래 119가 온다는 거지?

요."

 둘째 아이가 깁스를 풀자마자 큰 애 담임 선생님한테 전화가 왔다. 그렇게 둘째가 깁스를 풀자마자 큰아이가 깁스했다. 그나마 이번에는 왼팔이고 형이라고 제법 이것저것 해낸다. 그래, 보살펴 줄 수 있으니, 다행이라 생각하자. 그렇게 두 달이 지난 어느 날 아들 둘을 키우는 친구 인스타그램 사진에 피식 웃음이 났다. 그 친구도 아들이 둘인데 두 아들이 나란히 깁스를 한 채 환하게 웃고 있었기 때문이다. 나는 퇴사라도 했지만, 워킹맘인 이 친구는 얼마나 속이 뒤집힐까 싶었다.

"어머니, 아이가 머리가 너무 아프다고 하는데, 큰 병원에 가보시는 게 어떨까요?"
"네? 선생님께서 보시기에 그 정도인가요? 알겠습니다. 지금 바로 데리러 가겠습니다."

 단순한 두통으로 이런 전화를 하실 리 없는데 어디 잘못된 건 아닌지 걱정이 되었다. 바로 학교로 달려가 어지러워 잘 걷지 못하는 아이를 태워 가까운 대학병원 응급실로 향했다. 이 정도면 동네 병원에서 해결될 것 같지 않다는 판단이었다. 코로나로 응급실에 들어갈 수 있을지도 의문이지만 그건 나중 문제고 막히는 신호에 입술이 바짝바짝 말랐다. 다행일지 아이가 미열이 있는 바람에 한 자리 남아 있던 코로나 병동에서 신속하게 검사받았다. 다행히 특이 사항 없는 단순 두통이었지만 은행에서 손님 상담 중에 이런 전화를 받았다면 어쩔 뻔했을까…. 등골이 오싹했다.

"엄마, 침 삼키면 목이 아파요."
"엄마, 열이 있는 것 같아요. 이마 좀 만져봐요."
"엄마, 배가 아파요."

이 정도로 아파서는 평일에는 병원에 가지도 않았다. 아이가 웬만큼 아프지 않고는 평일엔 병원도 갈 수 없는 워킹맘이니까. 종종 식사 정도 챙겨주시는 이모님이 계셔서 갑자기 아이가 아프면 병원에 데려가 주시기도 했지만, 집 근처에는 병원이 없어 버스도 타야 하고 아픈 아이를 걸리며 병원까지 가기에도 무리가 있었다. 언젠가 꽁꽁 언 바닥에 이모님이 넘어지시며 둘째 아이가 함께 미끄러지는 바람에 얼굴 한쪽이 완전히 까져버린 적이 있었다. 이후로는 정말이지 끙끙 앓아눕지 않는 이상 웬만하면 병원은 주말에 직접 데려갔다.

  초반에 잡았더라면 이 삼일 약 먹고 금방 나았을 가벼운 감기도 결국 항생제 처방까지 받는 날이 허다했다. 의사 선생님께는 평일에는 올 수가 없으니 약을 최대한 많이 주십사 늘 말씀드렸다. 워킹맘이라 평일에 올 수가 없다 입버릇처럼 말하면서 말이다. 그리곤 토요일이면 병원 투어를 하느라 황금 같은 주말을 병원에서 보내기 일쑤였다. 그러니 아프다고 하면 바로바로 병원에 갈 수 있어 감사하다. 그렇다고 기다렸다는 듯 다치거나 아프면 안 되지만 평일에 함께 할 수 있는 일이 많아져 정말 정말 감사하다.

그냥 김미소 인생이요!!

 아침형 인간과 저녁형 인간에 대한 과학적 근거가 있는지 모르겠으나 정말이지 나는 100% 저녁형이다. 아침에는 어떤 시끄러운 소리가 들려도 눈뜨기 힘들지만, 밤만 되면 신기하게도 초롱초롱해졌다. 고등학교 시절에도 남들은 밤새워 공부하기 힘들다는데 새벽녘 화장실 가던 친정엄마가 제발 자라고 할 때까지 깨어 있었다. 학교에선 졸린 두 눈꺼풀을 이겨내지 못한 채 두꺼운 영어 사전을 베개 삼아 쿨쿨 자는 이중생활을 알 리 없는 친정엄마는 막내딸이 모범생인 줄 아셨을 거다.

요즘 유행인 미라클 모닝을 실천하는 사람들을 보면서도 도대체 어떻게 새벽 독서를 하는지 고개를 절레절레 젓곤 했다. 그러니 퇴사하고 출근 걱정 없이 푹 잘 수 있는 아침을 맞이하는 게 얼마나 행복한 일인지 모르겠다. 아이들 등교는 시켜야지만 다시 이불속으로 기어들어 갈 수 있다는 사실이 너무나도 행복했다. 늦은 밤까지 책을 읽든 영화를 보든 서두르지 않아도 된다는 말. 아침에 일어나 갈 곳이 없어 허전하다는 퇴사 선배들의 이야기는 나와 거리가 멀었다.

퇴사 전 마지막으로 정주행했던 드라마가 둘째 휴직 중 봤던 〈기황후〉였나 보다. 의협심에 불타는 기황후 역의 하지원, 우수에 젖은 눈빛으로 일편단심 기황후만을 바라보던 순애보 타환 역할의 지창욱의 연기를 보며 밤새 잠을 이룰 수가 없었던 기억이 있다. 한창 손이 많이 가는 두 아들을 재우고 안도의 한숨을 내쉬며 본 마지막 드라마. 〈기황후〉를 끝으로 제대로 드라마를 본 적이 없어 직장 동료들이 본방 사수 인기 드라마 이야기를 해도 알 리 만무했다. 바쁜 워킹맘에게 드라마는 사치였고 급기야 드라마 같은 허구에 왜 쓸데없는 시간을 낭비하나 하는 자기 합리화에 이르렀다.

✳

한때는 드라마 〈최고의 사랑〉에서 유치하게 극뽁!(극복)을 외치는 독고진에게 빠져 '연기부'라는 차승원 배우의 팬카페에도 가입했더랬다. 매일매일 업데이트되는 차승원 배우 관련 기사와 회원들의 게시물을 확인하고 수시로 댓글을 달았다. 카페 회원들과 일상을 공유하고 차승원 배우와 동접*이라도 하는 날에는 서로 축하 인사를 주고받았다. 한 날은 직장 후배가 차승원 배우의 촬영 스케줄을 알려주어 퇴근 후 현장으로 곧장 향했는데 구석에서 매니저와 이야기를 나누고 있는 차승원 배우를 발견하곤 온몸이 굳어버렸다.

"과장님, 뭐 하고 있어요? 얼른 가서 사인도 받고 악수

●동시 접속

도 하세요!"

함께 간 열 살이나 어린 후배가 독촉했다.

"어머, 못하겠어. 심장이 너무 뛰어. 어떡하지?"
"참 나, 이리 오세요. 차에 타기 전에 얼른 뛰어야 해요."

후배 손에 이끌려 달려가다 그제야 절박함에 외쳤다.

"저 연기부 회원이에요!"

차승원 배우는 밴에 올라타려던 발걸음을 멈추고 돌아서서 친절하게 인사하고 악수도 해주었다. 여자보다도 보드라운 손 감촉을 잊을세라 잊을 수 없는 감동적인 순간을 팬카페에 꼼꼼하게 올렸다.

"꺅, 너무 축하해요!!"
"아니, 진짜 악수도 하신 거예요? 너무 부러워요."

국가고시에 합격한 사람처럼 축하받았다. 하지만 복직 후 일하랴 육아하랴 1분 1초가 아까운 상황이 나날이 이어지며 드라마 볼 여유며 팬카페 활동할 여유는 주어지지 않았다. 현실에 존재하지도 않는 잘생긴 남자 주인공에 빠져 헤어 나오지 못할 것 같아 아예 곁눈질도 하지 말지 싶었다. 드라마는 시간 낭비다. 드라마와 현실은 다르다. 환상 속 세상을 부정하며 현실에 최선을 다했다. 점점 드라마 속 이야기가 자기 이야기인 양 정신 팔린 주위 사람들도 이해되지 않았다. 해야 할 일들이 얼마나 많은데! 읽고 새겨야 할 책은 또 얼마나 많은데! 어떻게 드라마 따위에 시간을 허비할 수 있어? 그 시간에 책을 읽던지 잠을 자는 게 더 생산적이겠다.

※

"아직 모르겠어요."
"아니 그런 기본적인 계획도 없이 왜 그만두는 거지?"
"저도 이제 제 인생 찾아가야죠."
"그게 무슨 뜬금없는 소리야?"

지각해도 혼낼 상사도 없으니
　　　게으름을 좀 부리며 드라마를 봐야겠다.

"누군가의 비서도, 누군가의 가장도 아닌, 그냥 김미소 인생이요."

아무런 교훈이 없을 것 같은 로코*의 대명사 〈김비서가 왜 그럴까〉에서 감명받았다. 가족의 빚을 갚느라 죽어라 일만 하던 비서 김미소(배우 박민영)가 어느 날 상사 '부회장님' 이영준(배우 박서준)에게 퇴사를 선언한다. 충격을 받은 '부회장님'은 김미소에게 퇴사하고 무얼 할 작정인지 무슨 계획은 있는 건지 물어보았고, 김미소는 누군가의 비서도, 누군가의 가장도 아닌, 그냥 김미소 인생을 살겠다고 했다. 단순하고 또 단순한 이 대사가 얼마나 감동적이었는지! 현실에는 존재하지 않는 조각 미남 재벌 2세 역의 박서준도 멋있지만, 자신을 찾고자 새로운 도전을 하는 김미소에게 폭 빠져버렸다. 현실을 잊고 그저 재미있게 웃으려 본 로맨틱 코미디 드라마에서 위로받다니.

●로멘틱 코메디

비서 경험이 있는 나로서는 다른 누군가를 위해 시간을 쓰고 희생한 경험이 있었기에 더 와닿았다. 영업점 생활 동안에는 고객의 세금 고지서는 챙기면서 정작 내 세금 고지서는 까맣게 잊어버린 채 기일을 넘기고, 고객의 자산을 관리해 주느라 아이 밥은 굶기며, 고객의 이야기에는 한없이 귀 기울이며 부모님께는 전화 한번 드릴 여유도 없던 시간. 나를 위한 시간은 어디로 갔을까? 심지어 내 인생이 고작 인사부 직원의 엑셀 시트 안에서 정해지기도 하다니!

〈시크릿가든〉〈김비서가 왜 그래〉〈내 딸 서영이〉〈이태원 클라쓰〉〈사랑의 불시착〉〈마인〉〈미스터 션샤인〉 그리고 인생 최고로 좋아했던 차승원 배우의 〈최고의 사랑〉 재탕까지 퇴사 후 미친 듯이 드라마를 몰아보았다. 10년이란 세월이 무색하게 독고진은 여전히 멋있었다. 이보영, 김서형이 출연한 드라마 〈마인〉은 재벌가에 들어와 살아가며 '나의 것', 즉 '마인'을 찾기 위해 고군분투하는 세 여자의 이야기를 그렸는데 세 여자는 마침내 각자 지키고 싶은 것이 무엇인지 깨닫고 그것을 지키기 위해 싸워나간다. 퇴사를 고민하며 수년간 머릿속을 맴돌던 그것. 바로 나 자신, 〈나의 것〉 말이다.

드라마 보고 야단법석 떠는 거, 웃긴다고 생각했는데 가볍다 무시했던 드라마를 보며 위로받고 있다. 오만함에서 비롯된 착각이었다. 어려운 책에서만 깨우침이 있을 것이라는 지적 허영심. 드라마에 빠졌다고, 잘생긴 남자 주인공 캐릭터에 홀딱 반했다고 나쁜 일도 아닌데 왜 드라마에 빠져 현실과 구분하지 못한다고 이해 안 된다고만 여겼던지. 드라마에도 인생이 담겨 있는데 말이다, 드라마 역시 문학작품 이상의 탄탄한 구조 위에 우리 이야기가 담겨 있는데 말이다.

깊이 있는 문학작품 속에, 삶에 영향을 미치는 여러 요소가 있듯 흥행을 목표로 만든 드라마라 할지라도 삶을 관통하는 감동이 있다는 걸 간과했다. 그러니 이제 퇴사도 했겠다, 늦잠 자고 지각해도 혼낼 상사도 없으니 게으름을 좀 부리며 드라마를 봐야겠다. 〈최고의 사랑〉 독고진 역할을 한 배우 차승원처럼 또 마음을 홀리는 배우가 있다면 팬카페에 가입해도 괜찮겠지! 아줌마면 어때? 좋으면 그만. 무엇보다 드라마 좀 본다고 시간 낭비하고 있다는 죄책감 따위 느끼고 싶지 않다.

미니멀까지는 아니더라도
가볍게 살고 싶다

 소방관은 출동할 때마다 방 정리를 했다. 직업의 특성상 위험한 임무를 수행할 때가 많고 언제 무슨 일이 닥쳐 목숨을 내놓아야 할지 알 수 없었다. 그래서 출동 명령이 떨어질 때마다 소방관은 방 정리를 했다. 행여 미혼인 자신에게 무슨 일이 생겨 부모님께서 방 정리를 하러 오셨는데 너저분한 아들 방에서 한 번 더 가슴을 부여잡을까 걱정돼서 말이다. 아들이 방 정리도 못 할 만큼 바쁘고 힘들게 지냈구나! 슬퍼하실까 말이다. 그러기에 출동 전 방 정리는 그에게 있어 빠지지 않는 일상이자 처연한 의식이었다.

언젠가 접한 소방관의 이야기를 마음 한구석에 담아 둔 채 집 정리에 대한 부담을 안고 살았는데 퇴사 후 드디어 미뤄온 집 정리를 하기로 했다. 이 방 저 방 서랍장을 열어보니 욕심부리며 부여잡고 있던 물건들이 한가득하다. 옷가지며, 그릇이며, 책이며, 아이들 장난감이며. 이제는 입을 일도 없는 정장부터 정리해야겠다 싶어 입던 옷을 나누어도 욕 듣지 않을 동료들에게 나누어 주었다.

"어머, 귀걸이가 이쁘네."
"오늘 입은 원피스 잘 어울리네요."

듣기 좋은 칭찬에 기분이 좋아지다가도 '요즘 살쪘나 봐요!'라는 눈치 없는 인사말을 듣게 되면 영 신경이 쓰였다. 외모가 노출된 은행에서 일하다 보니 단정한 이미지를 연출하려고 노력했다. 노력은 점점 욕심으로 바뀌어 비싼 옷은 아니더라도 많은 옷을 소장하게 되었고,

그날그날 기분에 따라 바꿔 할 수 있을 만큼의 장신구도 갖추게 되었다. 화장품 욕심도 많아 뜯지도 않은 새 화장품과 챙겨 받은 샘플이 가득했다. 더 챙겨달라 욕심내어 받은 샘플은 결국 사용기한이 임박하거나 지나버려 쓰레기통으로 향했다.

※

"나, 일요일만 되면 손톱부터 확인해."

"왜?"

"PB_{Private Banking} 지점 오기 전에는 네일 관리도 잘 안 했는데 여기 오니 관리 안 하는 직원이 없더라구. 옷도 화려하구. 고객님께 상품 설명할 때 손으로 설명서도 짚어드려야 하는데 손톱이 밋밋하면 허전하고 초라해 보여. 나만 안 하고 있으니, 그것도 민망하더라. 어떤 팀장은 나한테 네일 관리도 안 하냐고 그러고…."

"어머, 정말? 그것도 자기 관리의 하나네."

"일요일 오후에 어디 한 군데라도 벗겨진 손톱 보면 놀라서 네일숍 달려간다니까."

리테일 영업점에서도 단정한 외모는 필수지만 친한 친구가 근무하는 PB지점은 최소 10억 이상의 자산을 관리하는 만큼 아나운서나 기상캐스터 수준은 아니더라도 외모 관리는 필수고, 큰 경쟁력이기도 했다. 컴퓨터 자판을 칠 때 긴 손톱이 걸리는 걸 싫어하는 나로서는 수시로 손톱을 깎고 네일 컬러 따위 관심사도 아니지만 나에게도 몇 가지 개인적인 의식이 있었다. 그중 하나는 7cm 굽의 정장 구두. 편한 신발을 신고 있다가도 9시 은행 셔터문이 올라가면 얼른 7cm 굽으로 갈아 신었다. 7cm 높은 공기를 마셔야지만 비로소 은행 업무가 돌아가는 것 같았다.

영하 십 도의 어느 추운 겨울, 바지를 한번 입어 보고선 따뜻함에 반해 종종 바지도 입긴 했지만 일할 때는 웬만하면 스커트를 고수했다. 바지를 입으면 몸의 긴장이 풀어져 일도 안 되는 것 같고 스커트를 입어야만 단정한 모습이 완성되는 것 같았기 때문이다. 다른 장신구는 안 하더라도 귀걸이는 나를 지켜주는 부적과도 같아 빠트릴 수 없었다. 일 년에 한두 번, 숙취나 늦잠 같은 돌발상황으로 귀걸이 부적을 까먹지만 않으면. 그런 날은 십중팔구 일이 손에 잡히지 않는 날이다.

"야, 너 오늘 영업 포기했냐? 큭큭"

언젠가 같은 지점에서 일하는 후배 직원이 뿔테 안경을 끼고 온 날, 산적같이 생긴 김 과장이 말했다. 나도 시력이 좋지 않지만 뿔테 안경 동생은 안경을 벗으면 앞을 볼 수 없을 만큼 시력이 좋지 않았고 안경 렌즈 두께도 어마어마했다. 김 과장 말대로 안경을 끼는 순간 영업은 포기하고 마무리해야 하는 일만 얼른 끝내고 퇴근해야 할지 모른다. 아무래도 안경을 끼면 눈동자의 반경이 작아져 어지럽기도 하고 눈이 시려 집중도 안 되니까. 결정적으로 외모에 대한 자신감이 떨어져 영업력 급하강이다!

※

일문과를 다닌 덕에 대학 시절 일본 친구와의 교류가

많았고 이후로도 비교적 많은 나라 사람과 소통했다. 덕분에 일찌감치 다양한 문화를 접하고 편견 없는 사고방식을 가지게 되었는지 남이 어떤 옷을 입든, 무슨 머리를 하든 신경 쓰지 않았고 스스로에게도 그런 편이었다. 조금 과감한 색깔의 옷이며 특이한 청바지, 흔치 않은 디자인의 모자에도 욕심을 부렸다. 언제부턴가 눈 부신 햇살 아래서 반짝반짝 돋보이는 염색도 포기할 수 없었다. 입행 순간에도 그랬다. 하지만 출근 첫날, 염색한 직원이 나밖에 없을 줄이야!

근엄한 표정의 지점장님은 뒷짐을 진 채 다가오시더니 말씀하셨다.

"머리 색 당장 바꾸고 와."

헤어 컬러도 검게 바뀌고 옷도 죄다 무채색으로 바뀌기 시작했다. 젊은 날의 비비드함은 은행 연수가 늘어남에 따라 옅어져 갔고 옷장은 입고 싶은 옷보다 신뢰감을 주는 옷으로 채워졌다. 그렇게 한 벌 두 벌 사재던 옷은 옷장이 미어터지도록 넘쳐났고, 동료 직원들에게 한 보따리 나누어 주고도 가득 남았다. 결국 미련이 남아 차마 주지 못하고 끌어안고 있던 옷마저 어느 날인가 동료에게 줘 버렸다. 옷장에는 보여주기 위한 옷이 아니라 좋아하는 옷만 남았다.

언제부턴가 늘어가는 흰머리를 가리느라 주기적으로 하던 염색 횟수도 현저하게 줄었다. 월급 받아 뭐하냐, 머리 염색 좀 하라고 핀잔을 줄 사람도 없고 여차하면 우아한 그레이 컬러로 변신해도 될 일이고 말이다. 거추장스러운 의식들을 지키지 않아도 되니 몸은 긴장감보다 여유로움으로 채워지기 시작했다. 화장할 일도 별로 없어 립스틱이니 아이섀도 같은 색조 화장품은 살 일도 없다. 퇴사와 동시에 누군가에게 평가받을 일이 없어졌고 남을 의식하며 치러오던 각종 의식이 불필요해졌다.

소방관 이야기처럼 언제 닥칠지 모르는 운명의 순간을 대비하는 절절한 마음가짐은 아니더라도 행여 떠난 자리를 정리하는 누군가가 수많은 물건으로 힘들지 않앴으면 좋겠다. 오래오래 살고 싶으니 최소 수십 년간 그런 일이 없어야겠지만 어쨌거나 꼭 필요한 것만 빼고 가볍게 살고 싶다. 물건 대부분을 없애고 살아가는 '미니멀 라이프'까지는 아니더라도 가벼워지고 싶다. 수시로 재활용 수거장에서 쓸만하다며 버린 물건을 가지고 들어오는 남편만 달래면 가능할 듯 싶다. 누구는 수시로 하루 5개 버리기를 실천 중인데 또 누구는 주워 오는 일이 다반사인 일상이 반복되지만, 예전보다 가벼워진 집에서 살고 있으니 만족한다.

INTJ의 거절

"혹시 시간 되면 커피 마실까요?"
"지금요?"
"네, 지금 나와요~"
"아…. 알겠어요. 곧 나갈게요."

카톡을 보내자마자 후회한다. 강아지 산책을 하고 잠시 쉬려던 참이었다. 원래 계획은 혼자 조용히 신문 읽고 책을 읽는 거였다.

"언니! 혹시 시간 되면 잠시 가게 봐줄 수 있어요?"
"네, 좋아요. 오전에는 특별한 일 없으니까요. 두 시간 정도는 괜찮겠네요."

잠시 고민하다 보낸 카톡에 이내 후회한다. 원래대로라면 오전 내내 침대에서 뒹굴 계획이었다. 아니다. 그래도 급해서 연락한 건데 이럴 때 돕는 거지 싶어 집을 나선다. 발걸음이 천근만근이다.

MBTI만으로 사람의 성향을 규정화할 수는 없겠지만…. 나는 INTJ이다.

Introvert 내향적
iNtuition 직관적
Thinking 사고형
Judging 판단형

SNS에 떠도는 MBTI 짤을 보니 나 같은 사람이 약속을 정할 때는 플랜 B까지 만들어야 안심하고 갑자기 생기는 약속을 너무 싫어해 최소 1주일에서 한 달 전에 정한다고 한다. 뭔가 해야 할 때도 일의 순서를 정하고 언제 어디서 몇 시에 만날지 예약하고 하루를 촘촘히 계획하는 사람이라고. 실제로 나는 분 단위로 약속하고 분 단위로 움직이는 사람. 약속 장소를 향하면서도 수십 번 시계를 쳐다본다. MBTI 짤이 참 비슷하긴 했다.

언젠가 배우 차인표가 〈집사부 일체〉라는 TV 프로그램에 출연해 하루를 분 단위로 쪼개어 생활한다고 했다. 분 단위 생활이라는 표현에 제자들이 '우와' 하고 놀라기에 저게 그리 대단한 일인가 했다. 다 저리 사는 거 아니냐고 생각하면서 말이다. 일할 때도 모임, 회식, 연수 등 하도 일정이 많아, 미리 스케줄을 잡지 않으면 안 되었고 어쩔 땐 이미 석 달 치 스케줄이 세팅되곤 했다.

※

그런 나에게 퇴사 후 만나게 된 동네 엄마들의 '지금 만나자', '오후에 만나자', '오늘 저녁 시간 어때요?'라는 멘트는 당황스럽지 않을 수 없었다. 결정적으로 INTJ이면서 거절을 잘 못하는 사람. 은행원이라는 직업의 특성상 칼로 무 자르듯 단호한 거절을 해서도 안 되고, 거절하더라도 서비스 매뉴얼대로 동의나 수긍 먼저 한 후에 둘러 말하도록 몸에 배어 있는 사람이다. 직장 생활을 하면서도 거절을 못 해 힘들었던 적이 여러 번 있었음에도 여전히 단호히 '아니요', '싫어요'라는 말 못 하는 내가 있었다. 거절하지 못해 힘들어하는 내가 있었다. 솔직히 얘기하는 것보다는 들어주는 게 편했다. 편해서 들었을 뿐인데 사람들은 나와 대화하는 걸 좋아했던 것 같다. 남에게 맞추면 다양한 스타일의 사람들과 어울릴 수 있다는 장점도 있지만 의도치 않게 이끌려 다녀야 할 때가 많다.

정신건강의학과 전문의 오은영 교수님이 말씀하셨다. 거절 못 하는 건 남에게 잘 보이고 싶어서, 남에게 좋은 사람이 되고 싶어서, 내가 유능하지 않은 사람인가, 좋은 사람이 아닌가 상대가 생각하는 게 싫어서라고 말이다. 언제나 나이스 한 사람이 되고 싶은 욕구가 있는 거

여전히 거절이 힘든 나지만 조금씩 가벼워지고 있다.

라고. 나를 거절할까 봐, 내가 거절당할까 봐 그런 건데 자존감과 연관이 있다고. 교수님은 인간이 느끼는 당연한 부정적 감정을 패스하고 넘어가는 것은 안 된다고 하셨다. 아프고 걱정도 하고 속상해하기도 하는 부정적 감정 모두 정상이며 이런 감정을 억압하고 넘어가면 안 된다고 말이다. 불편한 감정은 누르고 있다고 해서 없어지는 것이 아니라고. 자기 자신과 잘 지내야 남과도 잘 지낼 수 있다고.

문득 집에 가득 찬 물건을 가볍게 하는 것뿐만 아니라 마음도 가볍게 만들 필요가 있구나 싶다. 싫으면 싫다 거절하고 할 수 없으면 할 수 없다고 말하고 마음에 남겨두지 말아야 한다는 것을. 거절하지 못해 스스로 힘들어하는 감정을 떨구는 것이 필요하다는 것을. 사회생활을 할 때는 환경상 그러지 못했지만, 지금은 싫으면 싫다고 할 수 있는 여건도 마련되어 있고 말이다. 냉장고 속 묵혀 둔 음식을 버리듯 마음속 무거운 감정도 하나씩 버리기로 했다.

※

 첫 육아 휴직 때 매일 챙겨봤던 TV 프로그램 〈EBS 부모〉에서 내성적인 아이는 내성적인 아이로 키우면 된다고 했다. 그런 아이를 앞으로 내세우거나 발표하라고 내밀면 스트레스만 받고 부작용만 늘 뿐이라고. 아이 성격이 외향적이든 내향적이든, 자의든 타의든 무조건 반장 선거에 나가는 게 당연했던 시절에 성장한 나로서는 귀가 쫑긋해지지 않을 수 없었다. 나 역시 남들 앞에서 이야기도 잘하고 토론도 잘해야 리더십이 생기는 거라 믿고 있었기 때문이다. 물론 자리가 사람을 만든다고 그런 기회가 많아질수록 리더십이 생기기도 하겠지만.

 그래도 매사에 밝고 긍정적이며 자신을 홍보하는 능력은 은행원으로 가져야 할 당연한 덕목이다. 아무리 일을 잘해도 묵묵히 일했다고 알아주는 이 없으며 어려운 일에 도전해서 성과를 냈으면 냈다고 목소리 내야 능력 있는 사람으로 인정받았다. 그러기에 조직에 속해 있을 때는 외향적 사람이 되려고 노력했다. 요즘처럼 MBTI

가 혈액형처럼 유행하기 전에도 기업에서는 MBTI 강의가 있었는데, 당시의 나는 분명 외향적이었다. 하지만 나는 뼛속까지 Introverted 하다. 혼자 있어도 심심하지 않은 내성적인 사람. 이기적이지는 않지만, 개인적인 사람.

"오늘 시간 되면 점심, 같이 할래요?"
 (오늘은 글을 쓰려고 했는데 점심 약속을 잡으면 마무리가 힘들 것 같아….)
"미안해요. 힘들 것 같아요."
"네, 알았어요. 다음에 해요."

상대는 생각보다 아무렇지도 않게 받아들였다. 그동안은 상대가 이해할 만한 이유가 있을 때만 거절했고 이해할 때까지 정성껏 설명도 하고 사과도 했다. 뭘 잘못했다고…. 되면 된다, 안 되면 안 된다고 하면 될 것을. 하기 싫으면 하기 싫다, 만나기 싫으면 만나기 싫다. 상황이 안 되면 안 된다고 간결하게 거절하는 것이 최선이자 최고이다. 대신 결정과 회신만 신속하게! 여전히 거절이 힘든 나지만 조금씩 가벼워지고 있다.

이제 집에 있는데…

"이제 집에 있는데 재활용 그때그때 버리지 그래."

 맞벌이할 때 재활용은 주로 남편 담당이었다. 식사나 설거지처럼 주방에 관련된 일은 손이 빠른 내가 전담했지만, 재활용만큼은 버려본 일이 없을 정도로 남편 몫이었다. 몫이었다고나 할까 어차피 담배 피우러 나가는 김에 뭐라도 들고 나가면 눈치도 덜 보이고 공식적으로 가사 분담도 인정받으니 안 가져갈 이유가 없다. 재활용하는 데 꼬박 삼사십 분이 걸려도 불만은 없었다. 나 역시 화장실 동굴에 들어가 한 시간씩 앉아 있기도 했으니 말이다.

그랬던 남편이 이제 담배만 딸랑 피우고 온다. 나가는 김에 예전처럼 재활용 쓰레기를 버리고 와도 될 텐데 말이다. 나 역시 그때그때 버리면 될 재활용 쓰레기가 습관이 안 됐다는 핑계로 빈손으로 나가기 일쑤였다. 그렇게 몇 달이 지나고 매번 재활용이 산더미처럼 쌓이자, 남편이 참았다는 듯 내뱉었다. 몹시 기분이 나빴지만, 부인할 수도 없었다. 이제 재활용 정도 매일매일 버려도 이상하지 않을 시간 많은 전업맘이니까.

"이제 집에 있는데 집밥 좀 해 먹어라. 아이들이 외식에 길들어서 건강이 영 아니더라."

오랜만에 다녀가신 시어머님의 카톡이었다. 모든 음식을 직접 해 드셔야 직성이 풀리는 어머님과 달리, 여전히 배달 음식도 시켜 먹고 반찬도 사 먹는 식습관이 마음에 안 드셨던 거다. 게다가 이제는 일도 안 하고 집에 있는 며느리가. 밖에서 먹는 음식은 죄다 먹지 못할 음식 취급하시는 당신께서는 시간도 많아진 며느리가 아직 정신 못 차리고 밥도 안 해 먹는다고 생각하셨을 것 같다.

이제 집에 있으니 제발 쉬라며 걱정해 주는 사람들도 많았지만 '이제 집에 있으니 이거 해라, 저거 해라.' '집에 있으니 이 정도는 해야지, 저 정도는 해야지.'라는 사람도 많았다. 언젠가 TV 프로그램에서 지나가는 꼬마에게 커서 뭐가 되고 싶냐고 물으니, 옆에 있던 가수 효리가 "왜 애들한테 자꾸 뭐가 되라고 해요? 애야, 커서 아무것도 안 돼도 돼. 괜찮아."라고 해서 잠깐 화제가 된 적이 있다. 모두 무언가 되어야 한다고 믿는 사회에 던진 효리의 그 한마디가 신선했다. 보기에 그럴듯한 사람이 되어야만 인정받는 사회에 꼭 무언가 되어야 하느냐고 귀여운 경고를 날리는 효리. 효리가 내 귓가에 대고 집에 있어도 아무것도 안 해도 괜찮다고 얘기해 주었으면.

※

가만히 있으면 불안한 마음이 드는 병에 걸린 건지 뒤처지는 느낌이 들었다. 퇴사하고 비교당하고 경쟁할 상대도 없는데 말이다. 따야 할 자격증도 없는데 여전히 무어라도 따야 할 것 같고 하루라도 신문을 안 읽으면 숙제를 안 한 것 같았다. 화장 안 했다고 뭐라 하는 사람도 없는데 '것 봐 퇴사하니 관리도 안 하네'하는 소리를 들을까 선크림이라도 바르고 집을 나섰다. 살쪘다는 소리를 들을까 운동도 게을리하면 안 될 것 같고, 나이 들어 보이지 않게 피부관리도 해야 할 것 같다. 아무것도 하지 않고 소파에 앉아 있을라치면, 또 재미난 드라마를 보면서 키득키득 웃다가도 문득문득 불안했다.

아이들 먹일 음식을 직접 해보지, 싶어 부지런히 돌밥® 도 했다. 요리는 젬병인지라 하루 세 번 밥 하는 데만 엄청난 시간이 걸렸다. 한참 크는 통에 금방 밥 먹고 돌아섰는데 또 이거 달라 저거 달라 주문을 해대서 궁둥이 붙이고 앉을 틈이 없었다. 아들 둔 엄마는 말년에, 주방

●돌아서면 밥하고 돌아서면 밥하고의 신조어

에서 죽는다더니 진짜다 싶다. 요가, 강아지 산책, 신문 읽기, 책 읽기, 유튜브 시청에서부터 셔틀이 오지 않는 학원 라이드며 간식 공수며 온 동네를 들쑤시고 다니며 바쁜 하루하루를 보냈다.

그렇게 몇 달이 지나니 몸과 마음이 지쳤다. 여유 있는 시간은 어디로 가고 자신을 혹사하고 있는 건지. '이제 집에 있는 사람'이라는 말에 반발심으로 더 그랬나 보다. '이제 집에 있는 사람' 맞는데. 직업이 없다고 쓸모없는 사람도 아니고 살림하고 아이를 돌보는 것도 가치 있는 일인데 자존심에 스크래치가 나서 바쁜 사람으로 몰아붙였다. 집에서 살림하고 육아하는 사람도 존중받아 마땅하고 그 누구도 나를 얕잡아 보아서도 또 스스로 낮아질 이유도 없는데. 아이들 짜증에 자존감이 낮아질 일도, 재활용 쓰레기를 버리며 속상해할 이유도 없는데.

※

동네에도 독서 모임이며 자원봉사를 하며 열심히 일

상을 일구는 많은 엄마가 있었다. 오랜 회사 생활과 사람에 지친 나로서는 참여하지 않고 당분간은 관망하기로 했지만 어쨌든 이런 모임은 강제성이 없어 거절하면 그만이다. 회사는 강제성이 있다. 아무리 술을 먹고 숙취가 심해도 출근해야 하고, 몸이 으스러질 것처럼 아파도, 아이가 아파도 출근은 해야 하는 그런 강제성 말이다. 지각할세라 지하철 환승역에서 헐떡이며 달리고, 출입구가 열리자마자 용수철처럼 튕겨 나와 달리게 하는 힘의 원천이다.

퇴사 후 삶에는 강제성 대신 자유의지가 있다. 자연스레 몸이 반응하는 힘의 원천 같은 건 없다는 말이다. 많은 걸 할 수도 있지만 아무것도 안 해도 된다. 자신을 통제하기 위해 행동 장치를 만들 수도 있지만 회사의 규율과는 다르다. 그럼에도 지켜내야 할 나만의 루틴이 있다. 회사의 사칙보다도 중요한 나와의 약속. 강아지를 보살피는 것. 책을 읽고 글을 쓰는 것. 적당한 운동을 하는 것. 아이들 끼니를 챙겨주는 것. 아무것도 아닌 것 같지만 중요한 나의 루틴. 너무 애쓰지 않아도 되는 나의 루틴. 동네 엄마들도 독서 모임도 하고 자원봉사도 하며 자신만의 루틴 안에서 단단한 일상을 만들고 있었다.

  도시락을 팔아 영국 부자 345위에 오른 〈켈리 델리〉의 켈리 최 회장님도 이야기했다. 나와 계획하고 나와 다짐하는 일이라고. 빈둥거리며 드라마도 보고 늦잠 좀 자도 된다. 남들이 한창 일할 낮에 뒹굴어도 죄책감 따위 느끼지 않아도 되지만 회사에서 업무 순서를 정하는 것처럼 집안일에도 순서가 있다. 회사에 숏텀, 롱텀 비전이 있듯이 엄마에게도 지금 해내야 할 일상적인 일과, 먼 훗날 이루고 싶은 나만의 비전이 공존한다. 나의 꿈을 이루고 존중받고 싶다. 그러기 위해서 소소하지만, 소중한 일상을 매일 만들어 나가는 중이다. 엄마의 일상도 존중받아 마땅하다.

Chapter 3.
읽고 쓴 덕분

출간 복권

"나, 복권 2등에 당첨됐어!!"

"정말? 웬일이니~ 2등이면 얼마 받는 거야? 백만 원? 백만 원 밖에 안돼?"

"야, 2등이 얼마나 힘든 건 줄 알아? 다른 숫자가 다 맞고 딱 하나 안 맞았을 때가 2등이야. 확률적으로 얼마나 어려운 건데~"

 친구가 퇴근길에 산 복권이 2등에 당첨이 되어 백만 원을 받게 되었다. 한 자리 빼고 모든 숫자를 맞춘 거치고 적은 금액이긴 해도 재미로 산 복권에 백만 원이면 큰돈이다. 복권을 사본 일은 기억에도 없고 사더라도 2등에 당첨될 가능성도 희박하겠지만 복권처럼 행운의 여신이 와준 경험이 몇 번은 있겠다 싶다. 어릴 적 매달 챙겨보던 종합만화지 〈보물섬〉 경품에 응모해서 둘리 인형이 당첨됐다던가 은행에서 보내주는 해외 연수에 당첨되었던가 하는…. 그리고 인생 처음으로 투고한 원고에 몇몇 출판사에서 손을 내밀어 준 것….

출판에는 크게 자비출판과 기획출판이 있다. 자비출판은 말 그대로 돈을 들여 출판하는 것을 말하고 기획출판은 편집, 북 디자인, 일러스트, 인쇄, 마케팅에 드는 모든 비용을 출판사에서 부담하고 저자는 인세를 받는 것을 말한다. 나 같은 초짜가 출판사에서 기획출판 제안을 받는다는 건 복권 당첨과 같은 행운이었다. 매일 투고되는 수많은 원고 중 눈에 띄기란 정말 쉽지 않은 일이기 때문이다. 인생에서 절대 일어나지 않을 1등 복권은 아니지만 2등 복권쯤은 되겠다 싶다.

완성된 원고임에도 수십 번 아니 수백 번을 들여다보다 밤을 꼴딱 새운 어느 새벽녘에 원고를 발송했다. 원고는 전송 버튼 하나에 리스트업해 둔 출판사로 전송되었다. 제발 읽어봐 주길 간절한 마음으로 바라며 전송 버튼을 눌렀고, 긴장이 채 풀리기도 전 얼른 출근 준비를 시작했다. 수면 부족 상태로 모두의 셔틀●에 올라 눈도 제대로 뜨지 못한 상태로 졸고 있는데 서너 개의 문자를 받았다. 출간 미팅을 해보자고 말이다. 꿈을 꾸고 있는 건가?

 그렇게 출간이라는 난생처음 겪는 여정이 시작되었다. 연락해 준 출판사는 다 만나보았다. 아무것도 아닌 나에게 미팅 제안을 준 것도 황송하고, 직접 만나 이야기를 나누어 보는 것만으로도 큰 공부가 될 것 같았다. 출판업에 계신 분들은 미사여구를 쓰지 않는데도 간결한 말 한마디에 진심이 담겨 있었고, 나 역시 단어 하나하나 신중하게 골라 대화를 이어 나갔다. 시간이 돈인

●출근 버스를 공유하는 시스템

은행에서처럼 서로의 말이 잘릴까, 걱정하지 않는 미팅이 경이로웠다. 미팅이 모두 끝난 뒤 아무것도 모르는 초보를 출간이라는 착륙지까지 편안히 인도해 줄 것 같은 한 곳을 선택했고, 퇴사라는 생애 이벤트도 빨리 실행할 수 있겠지 싶어 두근거렸다.

※

퇴사라는 생각이 스멀스멀 머릿속에 떠오를 때부터 고민했다. 퇴사하면 어떻게 살 것인가. 그냥 아줌마가 되기보다는 단단한 무기를 가진 아줌마가 되고 싶었다. 20년 직장 생활에 마침표를 찍는 건데 무어라도 이루고 퇴사하고 싶어서 무엇을 할 수 있을지 고민했다. 명함에 뭐 하나 적을 일 없는 사람 말고 조금이라도 차별화된 사람 말이다. 그런 사람이 될 수 있게 하는 게 책이라 확신했다. 언젠가부터 책을 쓰고 싶다고 생각했는데, 생각은 나날이 커져 신념 같은 것이 되었다.

회사에서도 보고의 연속이고 보고를 잘하려면 열심

히 글을 쓸 수밖에 없다. 회사에서도 글쓰기는 일상이지만, 책 쓰기는 처음이라 고민이 됐다. 여행을 앞두고 잠 못 드는 사람처럼 기대 반 걱정 반에 심장이 두근거렸지만 어떻게 책을 쓰는 건지 도대체 알 수가 없었다. SNS를 뒤져보기도 하고 서점을 돌아다니며 책 쓰기에 관련된 책을 읽었다. 몇몇 책은 나의 상황과 맞지 않았고 또 어떤 책은 진부했다. 그때 책 하나가 눈에 들어왔는데.

〈나도 회사 다니며 책 한 권 써볼까?〉

'응? 나에게 딱 맞는 책인 것 같은데?'

회사에 다니면서도 책을 쓸 수 있겠다는 희망이 생기는 제목이었다. 한편 다른 회사원은 일하면서 책도 쓰고 있구나 싶었다. 다른 사람이 가로채기라도 할까 얼른 집어 들었다. 어떻게 책을 쓸지 막막했던 나에게 구체적인 실천 목록들을 하나하나 가르쳐주었는데 마음에 와닿는 부분은 줄을 쳐가며 몇 번이나 정독했다. '결국 중요한 것은 실행'이라는 소제목이 눈에 띄었다. 무엇이든 부딪

혀 봐야 하는 법.

"자기네들은 온실 속 화초야. 은행 밖 세상은 얼마나 치열하다고!"

가끔 오시는 고객이 말씀하셨다.

"여름에는 시원하고 겨울은 따뜻한 온실 속에서 일해서 바깥세상이 얼마나 삭막하고 치열한지 감이 없어."

"당신들은 서류 하나 떼오라고 말만 하면 그만이지만 서류 하나 떼 오기가 얼마나 힘든지 알아? 모든 일을 서류로 처리하니까 어려운 걸 잘 몰라. 다음에 퇴사하고 세상 밖에 나가봐. 세상이 얼마나 어려운지."

은행 문을 박차고 나서려니 비로소 이해된다. 서류로 일하는 직업이었다. 발로 뛰는 일이 아니라 서류상으로 확인하는 일이 대부분이었다. 기업 영업을 하는 직원은 외부 영업도 하지만 특히 VIP 고객의 자산을 담당하는 나 같은 직원은 밖으로 나갈 일도 없었다. 퇴사하면 길가에 핀 잡초처럼 척박한 환경을 이겨내며 모든 일을 혼자 알아보고 혼자 처리해야 한다. 명함에 번듯하게 새겨져 있는 든든한 회사 로고에 더 이상 기댈 수 없다. 겁이 나기 시작했다.

※

"편집장님, 부탁이 하나 있어요."
"네, 뭐죠?"
"출간되기까지 시간이 걸리는 건 알고 있지만, 최대한 빨리 출간되면 좋겠어요."
"무슨 계획이라도 있으신가요?"
"내년 1월에 퇴사하려고 하거든요."
"음, 정말 촉박하네요."
"초면에 이런 말씀 드려 죄송해요."

생전 처음 만난 출판사 편집장님께 출판 계약이라는 난관을 앞두고 툭 내뱉고 말았다. 가족, 친구, 직장 동료에게는 차마 꺼내지 못했는데 나를 모르는 사람이니 오히려 용기가 났나 보다. 규모가 있는 출판사는 출판 계약을 하고도 출간이 되기까지 1년이 걸리기도 하는데 초보 저자가 당돌하게 빨리 출간해 달라고 조르다니 적반하장도 유분수.

"근데 퇴사를 조금 미루시면 안 될까요? 아무래도 현직에 계실 때 책이 나오는 게 마케팅 효과가 좋아서요."
"아, 그렇군요."

책이 나와야 퇴사할 수 있는 데라는 마음이 들다가도 한편 안도의 한숨이 나왔다. 편집장님이 '네 그러시죠'라고 하면 어떡하나 두려운 마음도 있었나 보다. 퇴사하고 싶으면서도 퇴사가 두려웠나 보다. 퇴사하면 안 되는 이유를 편집장님께서 만들어 주셨으니, 지금으로선 다행이라고나 해야 할까. 그렇게 퇴사 프로젝트는 조금 미루어졌고 '온실'에서 조금 더 준비할 수 있게 되었다. 원래 인생이란 게 계획대로 흘러가지만도 않고 말이다.

'책이 나올 때까지는 퇴사하면 안 되니까 조금 더 기다릴 수밖에. 그래, 몇 달 늦춘다고 죽을 일은 아닌데. 한편 다행이지. 관둔다고 맘먹긴 했지만, 겁도 나고 두려웠

는데 그럴싸한 이유가 하나 생겼으니 차라리 잘 됐다.'

 설상가상 책이 나오던 무렵 승진을 하게 되었는데, 하고 싶을 때는 그렇게 안 되더니 관두려고 마음먹으니 승진이라니 재미난 인생이구나 싶다. 이대로 다닐까? 하는 생각마저 들었다. 그래도 퇴사를 결심하고 갈팡질팡하는 시간을 보내면서도 잘했다 싶은 건 읽고 쓰는 시간을 통해 나를 돌아보는 시간을 가진 거다. 그 시간이 없었다면 무방비 상태에서 퇴사를 경험했거나 혹은 답답한 현실만 탓하며 아이들은 아이들대로, 나는 나대로 힘든 생활을 이어 나가고 있었을 것 같다. 퇴사까지 오랜 시간이 걸렸지만, 고민의 시간이 헛되지만은 않았다.

 친구가 2등 복권에 당첨된 복권판매소를 가리키며 말했다.

 "저 집이야. 2등 당첨된 곳. 이리 와 봐. 너도 하나 사줄게."
 "으응? 나 복권 필요 없는데?"

혹시 또 모르잖아. 너도 당첨될지~

"아니야, 그래도 하나 가져가. 혹시 또 모르잖아. 너도 당첨될지~"

 출간 복권이라는 게 있어서 당첨만 되면 글쓰기 코칭부터 편집, 디자인, 출간, 마케팅에 이르기까지 알아서 해준다고 하면 책을 내고 싶은 수많은 예비 저자들이 출간 복권을 사지 않을까 하는 엉뚱한 상상을 해본다. 친구가 들려준 복권이 당첨되리란 요행 따위 바라지 않지만, 인생을 고민하고 충실하게 살아낸다면 누구라도 복권에 당첨된다. 정말이다. 일등까지는 아니더라도 내 친구처럼 이등쯤?

글 쓴 덕분

 글쓰기라는 치열한 시간이 지나고 책이라는 단단한 무기를 손에 쥐었을 때, 책이라는 나만의 스토리를 가졌다는 사실은 직장에서 일로서 이루어 내는 성취감이나 자기만족과는 차원이 다른 것이었다. 책을 쓰는 과정이 쉽지는 않았지만, 한층 성장했다. 재테크 책을 썼다고 갑자기 부자가 되거나 퍼스널 브랜드가 상승하는 것도 아니지만 무엇보다도 나만의 생각과 가치관이 정립되었다는 사실이 기뻤다.

운 좋게도 연이어 두 번째 책을 출간할 기회도 얻게 되었는데, 출판사 대표님은 아이 셋을 키우는 워킹맘이었다. 대표님은 문득 아이 돈을 어떻게 관리할지 궁금해 직접 책을 기획하고 출간하기로 하셨다고 했다. 책을 만들면서 본인도 공부가 될 거라며 말이다. 책이라는 완성물이 만들어지는 과정에서 대표님뿐만 아니라 나 역시 성장했다. 말하자면 책이란 즉, 글쓰기란 생각 정리의 끝판왕이다.

책을 쓰고 성장했다 싶을 무렵 생각지 못한 고비가 다가왔다. 저자 활동인 강의 기회가 생긴 것이다. 코로나 시기라 대면 강의를 하는 것은 아니지만 유튜브 프로그램을 찍게 되었다. 책을 출간하면 저자 역시 활발하게 책 홍보를 해야 하고 강의나 유튜브 촬영 등의 기회가 생긴다. 유튜브는 특히 신간 홍보를 할 수 있는 좋은 수단이기에 구독자가 많은 프로그램의 게스트로 나가 책 소개를 하기도 한다. 고객을 대상으로 1:1로 상담하는 건 자신 있어도 내성적인 나는 어릴 때부터 발표 같은 건 썩 좋아하지 않았다.

매사에 열정적이고 적극적인 출판사 대표님은 이런 성격을 간파하시곤 유튜브 촬영 전에 스피치 연습을 해 두면 좋겠다고 하셨다. 스피치와 관련된 유튜브를 보거나 관련 책을 사서 보면 어떻겠냐고. 그래! 나도 언제까지나 사람들 앞에 나서서 말하는 걸 두려워하고 있을 수만도 없다. 많은 사람 앞에서도 쫄지 않고 세련되게 얘기해 보고 싶다. 대표님의 충고대로 스피치 책부터 사보았다. 읽다 보니 나는 말을 못 하는 사람이 아니라 말하는 연습이 안 된 사람이었다.

※

 '스피치의 목적은 '말하기'지만 만드는 과정은 '글쓰기'이다. 즉, 대본을 기획하는 과정에서 논리를 구성하는 힘이 생기고, 내용을 작성하면서 문장력이 강화된다. 대본을 소리 내어 표현하는 과정에서 말하기 능력이 향상된다. 따라서 '진짜로 말을 잘하려면' 스피치 대본을 제대로 만드는 방법을 알아야 한다.'

복주환 작가의 〈생각 정리 스피치〉를 읽으며 스피치에 앞서 한 번도 대본을 만들어 본 적이 없다는 걸 알게 되었다. 여태껏 머릿속 이야기를 나열만 했을 뿐, 조리 있게 이야기하지 못했다. 그 이유는 실제로 써본 대본이든 머릿속에 그려본 대본이든 구체적으로 대본을 써보지를 않았기 때문인가 보다.

'시작은 김창옥 교수처럼 재미있게 해보자. 본론은 손석희 앵커처럼 논리적으로 설명하고 김미경 원장처럼 공감되게 얘기하자. 결론은 설민석 강사처럼 일목요연하게 정리해 감동적으로 마무리하자.'

저자의 말대로 나도 할 수 있을까? 김창옥 교수처럼, 손석희 앵커처럼, 김미경 원장처럼, 설민석 강사처럼? 대본을 만들어 보기로 했다. 대본의 틀을 유지하며 '나는 지금 스피치를 하고 있다' 상상하며 내 모습을 영상에 담았다. 이럴 수가. 아무도 없는 집에서 혼자 핸드폰으로 녹화하는데도 실수투성이였다. 혀가 꼬이기도 하고 무의식적으로 허둥대는 두 손은 또 얼마나 웃기는지.

그동안 제대로 준비도 하지 않고 겁 없이 대중 앞에 서다니 얼마나 어리석었나.

"저자님, 말씀하시는 게 자연스러워지셨어요. 혹시 스피치 연습하셨어요?"
"아, 네. 연습 좀 했어요."
"어쩐지. 작년에 저희랑 찍을 때는 처음이라 그런지 말이 자꾸 끊어졌거든요. 그런데 이번엔 잘하셨어요."

그렇게 싫어하고 못 하는 스피치인데 잘했다고 칭찬받으니 날아갈 것 같았다. 처음이 힘들지 않은 일이 어디 있으랴. 책도 그랬고 유튜브 촬영도 그랬고, 거슬러 올라가면 첫 아이, 첫 직장 모두 그랬다. 전업맘으로 내딛는 첫걸음, 스피치 연습을 하는 첫걸음. 세상만사가 똑같은 것 같다. 처음은 힘들다. 당연하다. 책을 두 권 출간해 보니 다음 책은 독립출판물로 내면 그만이지 하는 호기도 생긴다. 책 쓰기 든 스피치든 인생은 도전의 연속. 스피치도 하다니 글을 쓴 덕분이다.

※

대학 시절 일문학을 가르쳐주시던 교수님이 말씀하셨다.
現実はみにくいものである
현실은 보기 흉하다는 말이다.

막 피어오른 눈부신 벚꽃처럼 한창 찬란한 청춘들에게 좋은 말만 해주어도 모자랄 판에 왜 교수님은 현실은 보기 흉한 것이라고 했을까. 왜 현실은 혐오스럽고 불쾌한 것이라고 이야기하시는지 그때는 이해하지 못했다. 수십 년 후, 겨우 스스로 글을 쓰며 현실은 보기 흉하기에 바라보는 우리의 시선만큼은 달라야 한다는 이야기가 아닐까 싶다. 우리 인생을 조금이라도 아름답게 바라보기 위해 문학이 어떤 역할을 할 수 있는지를 비로소 알게 되었고 문학작품 수준에는 못 미치지만 조금이라도 아름다운 인생을 살기 위해 책을 읽고 글을 쓴다.

어르고 달래도 자지 않고 칭얼대는 아이, 바람대로 움

직여 주지 않는 배우자, 반항하는 사춘기 아이들, 돈 걱정, 나이 든 부모님 걱정, 건강 걱정. 세상살이는 걱정의 연속이다. TV 예능 프로그램인 〈금쪽같은 내 새끼〉에 출연한 가수 이지현이 밤에 눈을 감으면 내일 아침이 안 왔으면 좋겠다고 이야기할 만큼 현실이 힘들다는 심정 충분히 이해한다. 그만큼 매일매일 닥친 현실은 가혹하다.

한강 작가의 장편 소설 〈채식주의자〉에 나오는 묘사처럼 '칼로 피가 뚝뚝 떨어지는 살코기를 베어내는 듯한 잔인함'일지 모르겠다. 하지만 잔인한 일상에 어떤 필터를 끼워보느냐는 각자의 능력에 달렸다. 그리고 글쓰기를 통해 여러 가지 필터를 끼워볼 수 있다. 그러니 글쓰기는 삶을 바라보는 유용한 도구이자 필터이다. 돌이켜 보면 힘든 현실이 있었기에 나를 되돌아보고 책을 써볼 수도 있었다. 전업맘이라는 용감한 선택도 할 수 있었다. 고비가 다가올 때마다 독서와 글쓰기는 그 누구보다 진정한 친구가 되어줬다.

〈기획자의 습관〉에서 최장순 작가는 이렇게 말했다.

쓸수록 밝아지는 인생이다.

'난 나의 글이 남들에 비해 얼마나 높고 낮은지, 얼마나 기울어져 있는지 살피지 않는다. 나의 글은 언제나 영도에 있다. 내가 글을 잘 쓰기 때문이 아니다. 내 생각을 가장 잘 표현할 수 있는 글쓰기가 바로 내 글쓰기이기 때문이다. 문제는 글쓰기 자체에 있는 것이 아니라, 글이 담아낼 나다운 생각이 있느냐 없느냐 하는 것이다.'

글쓰기를 통해 있는 그대로 나를 존중하는 법을 알게 되었고, 보기 흉한 현실을 살아갈 힘을 길렀다. 글쓰기를 통해 도전의 기회가 생긴다는 것도 알게 되었다. 나의 경우 그 도전이 유튜브 촬영과 온라인 강의, 도서관 강의였다. 글을 쓴다는 건 대단한 일도 아니다. 무엇을 써야 할지 모르겠으니 쓸 수 없다고 얘기할 일도 아니다. 하얀 백지에, 하얀 모니터에 글자 하나만 입력하면 줄줄 쓰게 된다는 걸 알게 될 거다. 그러니 삶에서 피가 뚝뚝 떨어지고 있다면 뭐라도 써보면 좋겠다. 무엇보다 무엇을 해야 할지 모르는 엄마들에게 글쓰기를 추천한다. 쓸수록 밝아지는 인생이다.

아줌마 말고 저자

"엄마, 이제 엄마는 그냥 아줌마예요?"

"으응? 그냥 아줌마지만 글을 쓰기도 하지."

"전에는 엄마가 은행에서 일한다고 했는데 누가 물어보면 엄마가 무슨 일 한다고 할까요?"

"아, 다른 사람이 엄마가 일하고 있냐, 직업은 있냐고 물어보면 글을 쓰고 있다. 정도 얘기하면 될 것 같아. 그런 사람을 보통 저자라고 해."

얘기를 해 놓고도 씁쓸한 기분이 들었다. 직업이 없다

는 사실이 부끄러웠다. 누굴 만났을 때 어떤 사람인지 규정지어 줄 명함도 없다. 종이 한 장이면 나를 드러내는 일이 어렵지 않았는데 이제는 소개하는 일이 어색하고 번거로워졌다. 책을 두 권 내긴 해도 '작가'로 불리는 것도 부끄럽다. 등단한 것도 아니고 정보 전달책을 썼을 뿐인데 무려 '작가'라고 불리는 건 가당치 않다. 그래도 책을 썼으니 '저자'선에서 합의를 보고 싶다. 일할 때는 옆에 있어 주는 엄마를 그리 찾더니 정작 집에 있는 엄마가 되니 내심 실망스러운 아이 입장도 이해한다. 원하는 것을 다 사주지는 않더라도 가끔 장난감을 척척 사주기도 하고, 아줌마 대신 사회적 지위에 걸맞게 불리는 엄마를 자랑스러워했구나 싶다. 엄마의 돌봄을 받는 건 행복한 일이지만 아줌마로 전락했다는 실망감이 고스란히 묻어났다.

"퇴사하고 나면 처음 몇 달은 적응하기 좀 힘들어. 눈 뜨고 일어나도 가야 할 곳이 없잖아."

몇 년 전 먼저 은퇴하신 지점장님은 커피를 사주시며

말씀하셨다. 하지만 그건 육아를 도맡지 않아도 되는 혹은 자녀가 이미 커서 손이 가지 않는 〈은퇴자〉의 이야기다. 아직 어린아이를 양육 중인 〈은퇴자〉는 아이를 돌보느라 정신을 못 차렸다. 일할 때보다는 시간적인 여유가 있지만 그렇다고 아주 여유 있는 건 아니란 말이다. 게다가 퇴사 직후 맞이한 아이들 겨울 방학으로 두 달간 호된 신고식을 치러야 했다.

"요즘 어떻게 지내? 또 책 써?"

퇴사한 나와 이어 나갈 직장 이야깃거리가 마땅치 않을 때 예전 동료들은 또 책을 쓰고 있냐는 질문을 많이도 했다. 정작 밥하고 청소하고 빨래하고 강아지 산책을 시키는 것처럼 일하는 사람에게는 그다지 중요해 보이지 않는 일로 바쁜 하루를 보내고 있다고 대답하기도 뭣해 '아직 쉬고 있어요. 쉬었다 또 써야죠.' 하며 멋쩍게 웃었다. 그래도 처음 몇 달간은 놀면서도 자신 있었다. '그래, 지금은 쉬고 싶어 쉬는 거야. 쓰려고 마음만 먹으면 언제든 쓸 수 있지. 무엇이든 쓸 수 있어. 책도 두 권이나 냈는데'라고 말이다.

고백하건대 퇴사 직후에는 아무것도 쓸 수 없었다. 쉬고 싶었고 사람들과 만나고 싶지도 않았다. 외부에 집중되어 있던 지난 20년을 보상받고 싶어 나 자신, 가족에만 집중하고 싶었다. 그러려고 퇴사했으니까. 몸과 마음에 귀를 기울이는 시간이 필요했다. 그러기 위해선 무리해서 일을 벌이지 않는 것, 억지로 사람을 만나지 않는 것이 최선이었다. 자고 싶을 때 자고, 먹고 싶을 때 먹고, 산책하고 싶을 때 산책하며 마음이 흐르는 대로 맡겨둔 채로 시간을 흘려보냈다. 충분히 쉬면 새로운 이야기를 쓸 에너지도 생기겠거니 하고 말이다.

※

아줌마로서의 일상이 자연스럽게 몸에 맞추어질수록 자신감은 떨어졌다. 급기야 무언가 하려 해도 할 수 없는 지경이 돼버리는 건가. 경단녀가 되는 건가. 이제 정말 〈전업맘〉인가? 집 앞 재활용장에서 담배 한 대 태우고 계신 (은퇴한) 아저씨들과 다를 게 뭐가 있을까. 저분들도 치열했던 시간을 보내고 이제야 여유로운 일상을 즐기는 건데 솔직히 시간이 감당되지 않아 우왕좌왕하는 모습을 숨길 수 없었다. 퇴사 직후 반듯했던 모습은 어디 가고 점점 세수도 거르고 있다.

'작가님 글이 보고 싶습니다. 무려 100일 동안 못 보았네요.'
'작가님의 꾸준함이 재능으로 거듭날 수 있습니다. 그렇게 쌓인 글은 책으로 탄생하기도 합니다.'

브런치●는 가끔 말을 걸었다. 퇴사라는 큰 관문을 거친 사람으로 〈퇴사〉는 꼭 한번 정리하고 싶은 주제였기에 퇴사에 관한 이야기를 정리를 하겠다는 부담은 있었다. 완전한 형식의 책이든 아니면 자신을 위한 하나의 기록물이든 퇴사 이야기는 곧 마음 정리이고, 특히 아이들에게 전달하고 싶은 이야기였다. 하지만 생각의 단편

●카카오에서 운영하는 글쓰기 플랫폼

들만 어수선하게 떠오를 뿐 독려해 준 브런치에는 결국 일 년이 넘도록 글 한 편 올리지 못하고야 말았다.

친구가 육아 휴직 동안 꾸준히 실천했던 육아 팁을 정리하여 〈육아 휴직 정석〉이라는 책을 출간했다. 저자로서 새로운 출발 선상에 있는 그녀를 보며, 내가 책을 쓴 것처럼 기뻤고 나 역시 머지않아 새로운 이야기를 쓰리라 다짐도 해보았다. 저자 활동을 하는 그녀의 인스타를 보며 대리 만족을 느끼던 어느 날 〈서울 자가에 대기업 다니는 김 부장 이야기〉를 쓴 송희구 작가님에게 사인을 받는 사진을 보게 되었다. 워낙 웹소설이 인기였고, 출간 즉시 베스트셀러가 된 책의 저자였다.

✳

"도서관에 〈서울 자가에 대기업 다니는 김 부장〉 책 있어?"
"응, 마침 1권 있네. 책이 총 3권이거든. 빼놓을 테니까 가지러 와."

아파트 작은 도서관에서 사서로 봉사 중인 동네 친구 덕에 재고 확보를 받았다. 냉큼 달려가 책을 빌려왔고 1권을 단숨에 읽어 내려갔다. 서울에 살면서 자가 아파트를 소유한 김 부장이 경기도에 사는 〈엄마〉 은퇴자에게 무슨 영감을 줄까, 공감할 거리나 있을까 싶었는데 예상을 뒤엎었다. 이 시대를 살아가는 사오십 대 가장의 직장 생활의 애환과 재테크 실패담을 저자 특유의 거침없는 문장으로 표현했고 한 편의 드라마를 보는 듯 술술 읽혔다. 나도 이렇게 재밌게 쓸 수 있을까? 어둡고 힘든 인생의 단면을 유쾌하게 표현할 수 있을까? 반신반의하면서도 재미나고 감동적인 글을 써보고 싶다는 욕망이 마음속에서 꿈틀대고 있는 것을 감지할 수 있었다.

졸린 눈을 비비며 어린이집 가기 싫다며 버티며 우는 아이와 현관 바닥에 같이 앉아 울던 출근길, 열이 나서 종일 보채다 퇴근한 엄마를 보고 안도하던 아이를 안아주며 슬퍼했던 저녁, 일이 안 끝나 어린이집에서 데려온 아이를 은행 갱의실에 앉혀 놓고 일하던 그 밤, 늦게 퇴근해서 자는 아이 얼굴만 봤는데 아직 일어나지 않은 아이 모습을 뒤로하고 다시 출근하던 아침, 워킹맘으로 힘들었던 많은 날이 뇌리를 스쳐갔다. 무엇을 위해 일을 하고, 무엇을 위해 돈을 벌고 있나 고민하던 나날들. 고민하다 늦어버린 퇴사. 고민하다 늦어버린 인생.

"2권 있어?"
"1권 다 읽었어? 2권은 대여 중이야."

곧장 동네 서점으로 달려갔다. 2권을 집어 들자마자 내려둘 새 없이 순식간에 완독했다. 몰입력이 있는 탄탄한 구성에 위트 넘치는 문장이 넘쳐났다. 재밌게 읽으며 한 권도 사지 않는 건 예의가 아니다 싶어 3권은 집으로 소중히 모셔 와 정독하기 시작했다. 특히 3권은 저자 본인의 이야기가 담겨 있고, 직장 생활, 부동산 투자, 인생에 대한 자세가 정리되어 있어 의미 있는 지출이기도 했다. 마지막 페이지를 덮는 순간 퇴사 이야기를 써보겠노라 다짐하는 자신을 발견했다. 많이 팔리지는 않더라도 대한민국에서 하루하루 자신의 이야기를 일구어 가는 워킹맘의 이야기 말이다.

"한 번쯤은 하고 싶었던 이야기를 쓰면 어때? 팔리든 말든."

차 한잔을 나누던 오랜 친구가 말했다. 팔려야 하는 소재나 주제에 집중하지 말고 하고 싶은 이야기를 써보라고. 한 번쯤은 하고 싶은 이야기. 모처럼 한글 프로그램을 열었다. 나에게 있어 한글 프로그램을 연다는 건 〈무언가를 쓴다〉는 리츄얼을 의미했다. 여기저기 흩어져 있던 이야기를 모았다. 타닥타닥 노트북 자판 치는 소리는 쉴 새 없이 터져 나왔고 하얀 종이는 이내 검정 글자로 가득 차 A4 20페이지가 완성되었다. A4로 100 페이지면 대략 한 권의 책이 완성되는데 5분의 1이 완성된 것이었다. 단순한 기록으로 남을지언정 한 번쯤은 하고 싶은 이야기를 쓰겠다는 생각뿐. 그래야 진정한 퇴사 마침표를 찍을 수 있다는 확신. 설령 책이라는 완성된 형태로 제작되지 못하더라도 쓰는 것만으로도 의미가 있었다.

"요즘도 책 써?"

"책까지는 아니지만 매일 조금씩 쓰고 있어요."

조금 더 당당해졌다.

그래도 책

"학점 좋으시네요~"

양복에 와이셔츠 대신 청바지에 캐주얼 남방을 무심하게 차려입은 댄디한 남자가 말했다. 여기는 광고대행사 〈휘닉스 커뮤니케이션즈〉 리셉션 데스크. 리셉션 데스크라고 해서 여타의 회사처럼 단정하게 차려입은 직원이 앉아 있지는 않았다. 바쁘게 왔다 갔다하는 직원을 붙잡고 어디에 이력서를 낼지 물어보자, 사무실 어디선가 나타난 이 남자가 데스크에 걸터앉아 이력서를 접수했다. 나는야 부산에서 상경한 촌스러운 지방 국립대 출신 여대생. 이력서를 내는데도 정장을 입고 온 내 모습이 더욱 촌스럽게 여겨진다. 자유로운 복장으로 일하는 직원들이 세련되고 멋지다. 부럽다. 여기서 일하고 싶다.

"글라스 타워 아시죠? 거기 있어요. 찾기 쉬워요. 2호선 삼성역 내리면 금방이에요."

맞다. 찾기 쉬운 곳이다. 혼자 이민 가방 들고 영국으로 연수도 가서 1년이나 지낸 사람이 삼성역에 있는 글라스타워 하나 못 찾을 리 없다. 문제는 마음. 삼성역에 내려서 올려다본 글라스 타워는 높고 화려했다. 잔뜩 초라해졌지만 그래도 학점 좋다는 댄디한 직원의 그 말 덕분에 기운을 냈다. 칭찬받을 만큼 높은 학점도 아니었는데 삼성동 글라스 타워에서 세련된 모습으로 근무할 수도 있다는 실낱같은 희망을 던져준 한마디였다. 은행에 입행하여 삼성역 바로 옆 지점에서 근무하던 어느 날 휘닉스 커뮤니케이션즈에 근무 중인 사십 대 이사님이 해외송금을 하러 방문하셨다.

"송금 보내시는 건가요?"

"네 맞아요, 환율 우대 많이 해주세요."

"그럼요, 특별히 신경 써 드릴게요. 왠지 우대 많이 해 드리고 싶어요. 음, 사실 저, 이사님 회사에 지원했던 적이 있어요."

"아, 그래요? 이야, 반갑네요."

"그런데, 서류 통과도 못 했어요."

"그러셨구나. 이렇게 좋은 데 취직하려고 그랬나 봐요. 광고회사는 생명이 짧아서 회사 관두고 이민 가요. 그래서 송금하러 왔어요."

"아, 그러시구나."

학점 좋다고 해 놓고 쓰레기통에 직진했을 이력서를 생각하면 여전히 속이 쓰리지만 은행에 취직해 일하고 싶던 회사 이사님의 환율 우대 칼자루라도 쥐고 있다는 사실에 만족했다. 상대방의 마음을 사로잡는 카피도 쓰고 광고 기획도 할 수 있는 곳이라면 즐거울 것 같았다. 그런데 현실은 은행 창구. 광고회사에서 발휘하지 못한 능력을 책 쓰기에 발휘해 보고 싶다. 글을 잘 쓰는 사람은 주변에도 차고 넘치지만, 은행에서 겪은 여러 에피소드며 돈에 관한 정보를 전달하는 정도는 할 수 있지 않을까? 글로서 무언가 조금이라도 이롭게 만들어 보자는 조금 거창한 꿈. 그래, 나만의 비밀 병기. 책.

✷

 언제부터 책을 좋아했을까? 어린 시절 2층짜리 빨간 벽돌집에 살았다. 눈을 감고 추억의 빨간 벽돌집을 떠올려 본다. 빨간 벽돌 사이 초록색 대문, 대문을 열고 들어서면 현관까지 이어지는 좁은 길, 배를 뒤집고 꼬리를 흔들어 대던 강아지 핑크, 현관문을 열면 2층으로 올라가는 나무 계단. 나무 계단이 꺾이는 곳에 높은 책장이 있었다. 어느 집에나 있을 법한 전집에서부터 만화책까지 책장을 가득 메운 책. 계단 귀퉁이에 쪼그리고 앉아 한 권씩 꺼내보던 재미. 어린 시절 추억의 빨간 벽돌집.

 아빠이지 싶다. 2층으로 올라가는 계단에 책장을 배치할 생각을 한 사람은. 아빠는 책을 좋아하셨고 글도 곧잘 눈을 감고 추억의 빨간 벽돌집을 떠올려 본다.

쓰셨다. 촌스러운 내 이름도 언젠가 읽은 소설 속 주인공 이름이라나. 아빠는 음악도 좋아했다. 가난한 남자와 결혼해 신혼집이라고 할 수도 없을 만큼 코딱지만한 방에 신접살림을 차렸는데 방 한구석에 놓여있는 풍금 한 대에 기도 안 차더라고 엄마가 말씀하곤 하셨다. 아빠는 지금도 아이들 용돈을 주실 때마다 격려 말씀과 사랑한다는 메시지를 빼먹지 않으신다. 무심한 막내딸이 바삐 흘려보내는 메시지에도 단어 하나하나 고심한 흔적이 보이는 장문의 답장을 보낸다.

아빠도 은행원이셨는데 바쁜 직장 생활로 많은 시간을 함께 보내지는 못했지만 그래도 주말이면 종종 가까운 서면˚으로 우리를 데리고 나가셨다. 그럴 때면 빠지지 않는 코스가 영광도서˚˚ 나들이였다. 아빠는 책 사는 건 아까운 게 아니니 원하는 책을 마음껏 골라오라 하셨고, 신나게 골라온 책에는 언제든 지갑을 열어주셨다. 서점에서 흘러나오는 특유의 책 냄새. 반듯하게 정리된 책

˚부산 부전동 일대/주요 도심이자 부산시내 교통망의 중심 지역이다.
˚˚부산에 위치한 서점. 당시 부산에서 제일 큰 서점이었다.

모서리, 흘러내리듯 매달려 있는 형광등 불빛. 책을 고르는 우리 모습을 흐뭇하게 바라보시는 부모님.

※

"지금 당장 읽지 않더라도 사서 책장에 꽂아두는 것만으로 의미가 있어. 언젠가 꼭 손이 갈 거야. 읽고 하나라도 도움이 되는 게 있다면 그것만으로도 가치가 있어."

밤하늘의 저 별이 지금은 존재하지 않을 수도 있다는 엄청난 사실을 알려주신 고등학교 시절 지구과학 선생님은 나의 우상이었다. 아이들을 빙글빙글 돌려가며 설명하는 자전, 공전 수업에 배꼽을 잡고 웃었고 옆으로 샌 인생 이야기는 또 얼마나 재밌었는지. 선생님의 책에 대한 고백이 머릿속을 늘 맴돌았고 그때부터 읽고 싶은 책은 사두었다. 책장에 꽂아두고 쳐다보기만 해도 흐뭇했다. 책장 한 편에 꽂아두고 내 것으로 만들고 싶었다. 결국 손을 내밀어 읽게 되기도 하고 단 한 문장일지라도 마음에 들었다면 그걸로 된 거고.

사기만 해도 의미 있는 책. 손때 묻은 도서관 책을 읽는 묘미도 있지만 따끈따끈한 새 책이 좋았다. 도서관에서 빌린 책에는 맘대로 줄도 못 긋고 책 모서리도 접을 수 없지만 줄도 좍좍 긋고 여기저기 접을 수 있는 내 책이 좋았다. 읽고 싶은 책을 다 살 수는 없기에 종종 서점에 쪼그리고 앉아 읽기도 하면서. 서점 주인이라도 된다면 마음껏 주문하고 마음껏 읽을 수 있을까?

요즘 누가 종이책을 보냐고도 하지만 그래도 나에겐 종이책만이 책이다. 읽다가 마음에 드는 페이지 한 귀퉁이를 접어 Dog Ear•를 만들기도 하고 마음에 드는 구절에 줄도 그을 수 있는. 물론 요즘은 이런 기능이 E-Book에도 있다지만 책꽂이에 꽂아두고 수시로 꺼내보며 '그때는 이 부분을 좋아했구나.' 곱씹어 볼 수 있는 종이책만이 책이다. 슬슬 눈까지 안 보이기 시작했지만 그래도 아직은 옆구리에 끼고 다니고 싶은 One of My Best Friends. 그래, 그래도 책이지. '그래도 책'…. '그래도

• 책 한 귀퉁이를 접으면 마치 강아지의 접힌 귀가 연상되어 생긴 말.

북'…. '그래 the book' 이런, 읽어야 할 책은 많고 다 살 수도 없으니 직접 책방이라도 차려야 하나. 책방 주인이라고 모든 책을 다 읽을 수 있는 것도 아니겠지만.

Chapter 4.
그래서 이제 돈은 어떻게 벌건데?

퇴직금을 받다

"이번에 퇴직하고 퇴직금을 받게 돼서 IRP 계좌로 들어올 건데요, 계속해서 IRP로 운용할지 아니면 다른 데 투자할지 고민스러워요."

"전무님! 퇴직금은 그대로 IRP 계좌에 놔두셔야죠. 퇴직소득세도 30%나 할인되잖아요. 특히 전무님처럼 퇴직금이 많은 경우에는 퇴직소득세도 많이 내셔야 하니까 IRP로 운용하시는 게 무조건 유리해요."

IRP(Individual Retirement Pension)은 개인 퇴직 연금이다. 옛날

에는 퇴직금을 사내 계정으로 보유하다 퇴사 직원에게 주는 방식이었다. 하지만 회사가 도산하거나 회사 자금 상황이 안 좋으면 퇴직금을 줄 형편이 안 될 수도 있다. 혹은 일시금으로 받은 퇴직금을 대출 갚는데 다 써버린다거나 잘 모르는 분야에 덜컥 투자했다 큰돈을 날려버리기도 해 퇴직자의 안정적인 노후 생활을 보장하는데 한계가 있다고 여겨졌고, 안전한 금융기관에 퇴직금을 적립하도록 제도적으로 보완되었는데 바로 IRP 계좌다. 일시금보다는 연금을 받도록 해 안정적 노후를 설계하도록 돕는다. 회사가 매달, 혹은 매년 금융기관에 퇴직금을 적립하도록 법적인 제재를 가함으로써 설령 회사가 도산하더라도 퇴직금은 보장받는다.

노후 보장이라는 목적에 맞게 특별한 경우가 아니면 담보 대출도 불가하고 중도 인출이 안 되는 점이 단점이랄까. 강제로라도 노후 연금을 만들 수 있다는 점에서는 어쩌면 장점일지도. 직원이 퇴사하면 퇴직금을 지급해 달라고 요청하고, 은행은 IRP 계좌를 통해 퇴직금을 내어준다. 퇴직금과 퇴직연금이라는 단어의 차이에서도 알 수 있듯이 예전에는 돈을 한 번에 받는 퇴직금이었고, IRP 제도로 바뀐 뒤에는 연금으로 받는 퇴직연금이다. 한꺼번에 받고 싶다면 일시금으로 받을 수도 있지만 연금을 선택하면 퇴직소득세를 할인해 줌으로써 연금 수령을 장려하는 것이다.

※

"퇴직금으로 부동산을 사면 어떨까요?"
"전무님, 들어보세요. IRP가 유리할지, 부동산이 유리할지"

은행원이었던 나는 퇴직금을 해지하지 않고 연금 수령을 유도해서 안정적인 현금흐름을 창출하는 게 맞다 생각했다. 거액의 퇴직금을 은행에 묶어둘 요량도 있었지만, 생각보다 큰 금액의 퇴직소득세를 조금이라도 줄일 수 있고 다른데 투자할 곳도 마땅치 않다는 생각에서였다. 부동산 임대수익이 4~5%대라고 가정하고 부동산 보유 시 납부해야 하는 각종 세금, 대출 이자, 부동산을 유지 관리하는데 들어가는 수선비, 임차료를 받지 못할 리스크까지 생각한다면 수익률이 4%만 돼도 IRP 계좌가 낫다고 생각했다. 진심이었다.

은퇴 후에도 안정적인 현금흐름을 만들기 위해 부동산 임대수익을 원하는 은퇴자가 많다. 일하지 않아도 안정적 수입을 벌어들일 수 있는 부동산 임대사업자를 꿈꾸지만 사실 그리 쉬운 일만은 아니다. 은행에서 수많은 임대사업자 고객을 만났지만 편하게 골프나 치러 다니는 분은 없었다. 건물이란 수선이 필요한 고정자산이기에 유지비용뿐만 아니라 임차인의 요청, 민원 등등 신경 쓸 부분이 많다. 건물을 보유하는 중 납부해야 할 세금도 많아서 임대수익이 고정적으로 들어오지 못할 때의 현금 흐름도 고려해야 한다.

무엇보다 IRP 계좌는 은행으로서도 안정적인 수수료를 만들어 주는 상품이다. 가입 금액이 클 뿐만 아니라 이탈만 되지 않는다면 안정적인 수수료 수입원이 되기에 모든 금융기관이 서로 IRP 자금을 유치하려 애썼다.

IRP 자금을 섭외해서 계좌에 입금되면 섭외한 직원은 단숨에 스타가 되고 각종 KPI* 지수가 올라갔다. 요즘은 금융기관끼리 연금 상품의 이전도 자유로워 혹 다른 곳으로 이탈이라도 될까 노심초사 신경 써야 했다. 어쨌든 이런저런 상황을 다 고려하여 내린 결정은 IRP 계좌는 해지할 수 없는 상품.

※

그런 나였지만 퇴직을 앞두고 퇴직금을 받을 IRP 계좌를 등록하라는 공문에 고민이 되었다. 퇴직금을 해지할 가능성도 배제할 수는 없었기 때문이다. IRP 계좌에는 2가지 종류의 계정이 있는데 하나는 퇴직금 계정, 또 하나는 세액 공제를 받기 위한 연금 계정이다. 후자를 〈개인부담금〉이라고 하는데 퇴직금과 개인부담금은 세제 혜택과 세율도 다르다. 특히 하나의 계좌에 퇴직금과 개인부담금이 모두 입금되면 퇴직금만 해지할 수가 없다.

---

* Key Performance Indicator, 기업이 목표를 얼마나 잘 달성하고 있는지 판단하기 위한 척도.

즉 퇴직금을 해지하면 개인부담금도 해지가 되어 기존에 받은 세금 공제액 혹은 공제액보다 많은 세액을 내야 하는 일이 발생할 수도 있다. 게다가 한 금융기관에서는 하나의 IRP 계좌만 만들어야 해서 퇴직금과 개인부담금을 구분하려면 다른 금융기관 IRP 계좌를 하나 더 만들 수밖에 없었다.

다른 은행 IRP 계좌를 만들지 싶다가도 아무리 퇴사하는 마당이나 20년 근무한 직원이 다른 은행 계좌를 만든다는 게 썩 내키지 않았다. 고민도 잠시, 공문에는 '다른 은행 IRP 계좌 개설은 불가'라고 친절하게 쓰여 있었다. 다만 부득이한 경우 계열사 증권회사 계좌는 가능하다고. 증권회사 IRP는 은행보다 다양한 상품군이 있고 은행 IRP는 자기 부담금, 증권회사 IRP는 퇴직금으로 분리할 수 있어 퇴직금을 해지하더라도 개인부담금은 지킬 수도 있겠다 싶다.

몇 년 전, 친구가 이직하며 받은 퇴직금을 어떻게 할지 물었다. 당장에 다른 계획이 없다면 IRP 계좌로 받아 운용할 것을 권유했고 친구는 그렇게 했다. 안타깝게도 어떤 상품으로 운용할지 정하지도 못한 채 기본 금리만 받으며 단숨에 몇 년이 흘러버렸다. 이직 후 바쁜 직장 생활로 IRP 계좌를 챙길 겨를이 없기도 했고 언제 해지할지도 몰라 놔두다 보니 그리되었다. 요즘이야 금리가 올라 정기예금도 괜찮지만 삼사 년 전인 당시만 해도 예금 금리가 1퍼센트 남짓이라 물가 상승률도 따라가지 못했다. 투자상품으로 운용하다 마이너스가 되니 그냥 놔둬 보자 한 게 삼 년이 흘러버렸다. 퇴사 후 그 친구를 만나 물었다.

"퇴직금 받은 거 어떻게 할까? TDF●로 운용해도 요즘 같을 때 좋은 수익률을 기대할 수 없고 그렇다고 정기예금은 (이야기를 나눌 때 고작 연 2% 수준이었다) 물가 상승률도 못 따라가고. 해지하고 다른 걸 할까?"
"그게 무슨 말이야. 내 퇴직금은 절대 깨지 말라더니 너는 퇴직금 깨서 다른 걸 한다고?"

●Target Date Fund, 은퇴 시기를 고려한 자산 배분 전략.

아차 싶었다. 그동안 은행원으로서 틀에 박힌 이야기만 하고 있었다. 물리적인 관점에서만 고려하면 내 생각이 틀리지 않지만, 퇴사라는 관문을 지난 이들에게 퇴직금이란 물리적인 돈 이상의 가치가 있다는 걸 간과하고 있었다. 다른 꿈의 발판이 될 수도 있고 나름의 계획이 있을 수도 있는데, 안정적 노후를 위해서라면 IRP 계좌에 넣어두라는 말만 반복하고 있었던 거다. 어쩌면 친구도 다른 계획이 있었는데 은행 다니는 친구가 해지하면 안 된다고 하니 이러지도 못하고 저러지도 못했던 거 아닐까. 친구뿐만 아니라 모든 고객에게 몹시 창피해졌다. 도대체 내가 뭐라고 IRP 계좌는 절대 해지하지 말라 가당치 않은 참견을 했을까?

좌충우돌
공모주 경험

"집에서 노는데 그거라도 해야지. 얼른 증권사 가서 애들 계좌 만들어."

친구 전화에 주섬주섬 옷을 챙겨 입었다.

'그래, 이젠 월급 주는 사람도 없는데 이런 노력도 안 하면 집에서 쉴 자격이 없지….'

친구는 늘 공모주 분석을 한다. 해야 할지 말아야 할지, 어느 증권사에서 할지, 최소한만 할지 올 배팅할지. 나의 경우 은행에서 근무하다 보니 본점에서 보내주는 시황을 수동적으로 습득했지만, 친구는 직접 주식 투자를 하며 실전으로 익혔다. 책, 유튜브, 재테크 카페, 무엇보다 수익뿐만 아니라 손해도 감수하며 주식 시장이라는 자갈밭에서 굴러봤다. 그녀가 주식 시장으로 입문한 지는 어언 십 년. 은행 상품만 밝은 나와는 깊이가 다르다.

그녀가 잔소리했던 공모주는 2022년 초에 상장한 역대급 대어 종목 〈LG에너지솔루션〉이었다. 공모가가 30만 원으로 책정되었고 상장 당일 〈따상〉을 한다면 78만 원으로 주당 48만 원의 수익을 남길 수 있다. 〈따상〉이라 함은 〈따블〉과 〈상한가〉를 합친 말로 신규로 상장하는 종목이 첫 거래일에 공모가 대비 〈따블〉이 된 뒤 가격제한폭(30%)까지 올라(상한가) 마감하는 것을 뜻하는 속어이다. 우리나라는 급변하는 주가로 인한 혼란을 막기 위해 하루에 개별 종목의 주가가 오르내릴 수 있는 범위를 정해두는데 전일 종가의 30%이다.

주식에 있어 전일 종가는 상한가 하한가를 결정하는

중요한 가격인데 공모주는 어제까지 없었던 종목이니 8시 반부터 9시까지의 거래를 통해 기준 가격을 정하고 그것을 상장일의 시초가로 한다. 시초가의 상한가는 공모가의 100%, 하한가는 공모가의 10%. 시초가 결정하는 시간에 매수가 많으면 상한가로 시작될 확률이 높다는 것. LG에너지솔루션의 경우 따블 60만 원, 따블의 상한가 30%가 78만 원이다. 만약 상장일 당일 따상이 이루어진다면 주식 하나당 48만 원의 이익을 낼 좋은 기회인데 미적거리는 모습이 친구 눈에 어이가 없어도 너무 없었다.

※

아뿔싸 증권사 객장은 이미 인산인해를 이루고 있었다.

"아이들 계좌 만들러 왔는데요."
"일단 기다리세요!"

어떤 투자가 현명한 걸까?

퇴사도 한 이 마당에…

상기된 얼굴의 직원은 이미 지쳐 보였다. 어떻게든 돈 좀 벌어보겠다고 발 디딜 틈 없이 모인 사람들을 눈앞에서 보니 정신이 번쩍 들었다. 순서가 밀릴까 쉽사리 밖으로 나갈 수도 없어 증권사 객장 의자에 끼어 앉아 핸드폰만 만지작거렸다. 돈 벌 기회를 놓칠까, 마음이 급하기까지 했다.

"자, 미성년자 계좌 만드실 분 손들어 보세요. 이쪽으로 오세요. 작성 서류가 많으니 모여서 함께 쓸게요."

직원은 엄마 아빠 고객들을 모아 회의실로 몰아 넣었다. 스무 장 가까운 서류에 전속력으로 이름을 쓰기 시작했다. 미성년자 계좌 개설은 미성년자의 개인정보 동의를 법정대리인인 부모가 하는 만큼 손이 많이 가는 작업이다. 공모주 청약과 같은 일회성 거래를 위해 많은 서류를 쓰고 많은 시간을 할애해야 하니 직원들도 답답하고 짜증 나겠다 싶다. 서류 작성을 하고도 장장 3시간을 기다려서야 차례가 되었다. 딩동! 창구 직원은 지칠대로 지쳐있었다. 시간은 이미 6시. 퇴근 시간도 넘긴 직원의 마음을 잘 알기에 아무 말도 건네지 않고 얌전히 앉아 묻는 말에만 대답했다. 일사불란한 일 처리에 아이들 계좌가 개설되었고 결전의 순간을 위해 인증서 등록까지 마무리 지었다.

특급 공모주는 경쟁이 높은 증권회사에서는 주식을 아예 못 받거나 1주 정도 받지만 이렇게 발품을 팔아 경쟁이 낮은 곳을 찾아오면 2주도 받을 수 있다. 예전에는 무조건 많은 청약금을 넣는 사람이 많은 주식을 받을 수 있는 〈비례 배분〉이었다. 하지만 공모주에 관한 관심이 높아지며 돈 많은 사람만 버는 구조냐며 끊임없는 민원 제기를 하면서 최소 청약금으로도 주식을 받을 수 있는 〈균등 배분〉 제도가 도입되었다. 즉, 최소 청약금으로도 한 주 정도는 받을 수 있도록 변경된 것이다. 게다가 조금이라도 경쟁률이 낮은 증권회사에서 청약하면 경쟁이 높은 곳보다 많은 공모주를 받을 수 있다. 공모가가 싼 주식이라면 애서 한두 개 더 받는 게 큰 의미가 없지만 수십만 원짜리 종목은 이야기가 다르다. 어떻게 해서든 더 받아야 한다.

※

　9개월간 나오던 실업 급여도 끊기고 아무도 월급을 주지 않는다. 가장은 아니더라도 20년간 월급을 받던 사람에게 매월 들어오는 현금이 없다는 건 충격이었다. 돈을 벌기 위해 사는 건 아니지만 돈이 없으면 살 수 없는 세상이 아닌가. 더군다나 나는 재테크 책도 쓴 사람인데 자산관리도 제대로 못 한다면 말도 안 되는 이야기란 말이다. 그런 내가, VIP 창구에서는 당당하게 고객 상담을 했던 내가 증권회사에서는 한없이 작아졌다. 공모주를 시작으로 주식 시장에 발을 들이며 친구에게 의지했다. 그녀는 모든 증권회사 계좌를 가지고 있다. 본인 계좌야 비대면으로 개설하면 되지만 미성년 자녀의 계좌를 개설한다는 것은 그만큼 발품을 팔아야 하고 시간이 소요되니만큼 워킹맘인 그녀가 얼마나 열심히 청약에 임했는지 알겠다.

　"어떻게 할까? 팔까?"
　"응, 일단 반 정도"

상장 당일, 개장 직전 작전을 주고받았다. 집중해서 매도 버튼을 눌러야 한다. 기대했던 〈따상〉은 아니었지만, 시초가가 〈따블〉은 되어 매도를 망설이는 찰나 하락하기 시작했다. 멈추겠지 싶은 순간에도 계속해서 하락했다. 기대만큼의 이익을 내지 못하고 매도 버튼을 눌렀다. 그래도 몇 시간씩 기다리며 계좌 개설을 한 덕분에 한 아이딩 2주를 받았고 이익이 나긴 했다. 몇 시간 투자하고 이 정도 수익이면 나쁘지 않다. 뭐 이렇게만 한다면 공모주 수익도 짭짤하겠지. 하지만 이렇게 단가가 큰 공모주의 기회가 흔치 않다. 대개 단가가 낮아 최소 청약증거금으로 한 두 주를 받고 커피값밖에 못 버는 경우가 허다하니 말이다. 커피값이라도 벌면 좋지만, 모든 공모주가 이익을 주는 것도 아니다. 앞으로도 할지 말지 고민스럽다.

미국 유명 경제학자 벤자민 그레이엄(1894~1976)은 그의 저서 〈현명한 투자자〉에서 공모주에 대해 이런 언급을 했다.

'강세장이 한창 진행되는 어느 시점, 첫 번째 기업공개●가 등장한다. 신주 공모 가격이 비싼 편인데도 초기에 공모주를 산 사람들은 큰 이익을 얻는다. 주가가 상승세를 이어가자, 기업공개가 더 잦아진다. 공개 기업의 질은 꾸준히 낮아지지만 공모 가격은 터무니없이 높아진다. 이제 강세장이 끝나간다는 확실한 신호가 나타난다. 정체불명 소기업 신주의 공모 가격이, 업력이 긴 중견기업들의 주가보다도 높아지는 것이다.'

코로나 시대 전 세계의 자금이 일시에 풀리며 풍부해진 자금과 저금리 덕에 밀려온 돈으로 주식 시장은 활황이었고 기업공개(여기서는 공모주)가 이어지고 있었다. 무슨 회사인지도 모르고 청약만 하면 〈따블〉은 가는 분위기였다. 그러다 테이퍼링●●과 금리 인상이 시작될 무렵부터 주식도 하락하고 공모주 시장도 재미없어졌다. 옥석을 잘 가려 청약한다면 주식 매매보다 안정적인 수

●주식회사가 이미 발행했거나 새로 발행하는 주식의 전부 또는 대부분을 정규 증권시장에 내놓고 불특정 다수 투자자에게 공개적으로 주식을 파는 일.
●●점점 가늘어지다는 뜻으로 미국 연방준비제도가 양적완화 정책의 규모를 축소해 나가는 것을 의미.

익을 확보할 수 있지만 말했다시피 대부분 커피값이고 〈LG에너지솔루션〉같은 대어는 잘 없다. 돈이 많아 많은 청약금을 넣고 주식을 받을 수 있는 게 아니라면 아주 매력적이지만은 않다는 말이다. 한 번쯤 모든 에너지를 쏟아 경험해 보았으니 할 수 있는 말이지만 어쨌든 현명한 투자는 아닌 것 같다. 그렇다면 어떤 투자가 현명한 걸까? 퇴사도 한 이 마당에….

Invest In Yourself!

은행 VIP실에서 근무할 때는 본점 담당 부서에서 시황이며 추천 상품을 수시로 보내주었다. 직원들이 본점 하우스 뷰에 어긋나지 않는 상품을 권유하기에 어느 지점을 가도 큰 틀에서 벗어나지 않는 상품을 안내하고 고객으로서도 신뢰가 가고 직원도 편하다. 다만 은행 상품만 접하다 보니 세상 전부의 상품인 듯했다. 최근에는 주식에 관심이 없던 사람들도 주식 시장에 많이 뛰어들었고 유튜브에도 주식 관련 채널이 급증해서 은행 상품만으로 만족하는 고객도 줄어들었고 나 역시 자연스레 관심을 넓혀 나갈 수밖에 없었다.

  은행의 하우스 뷰도 챙겨보지만, 출퇴근 시간 짬짬이 경제 뉴스며 유튜브 채널을 챙겨보며 은행 밖 세상에도 귀를 기울이게 되었는데 이렇게 다양한 상품이 있구나, 다양한 종목이 있구나, 주식 시장도 모르면 안 되겠다 싶었다. 한밤중에 열리는 미국 시장을 챙겨보느라 증권 회사 앱도 깔고 Yahoo Finance며 CNBC를 챙겨보았다. 고수들은 저마다 주식 시장이 상승할 수밖에 없는 이유, 하락할 수밖에 없는 이유를 자신감 있게 설명했고, 유튜브를 보고 있노라면 나도 애널리스트가 된 것 같은 착각이 들 정도였다.

  전문가란 전문가가 다 모여 설명하는 유튜브가 은행 강좌보다도 재미있었다. 생생한 정보가 넘쳤고 만족스러운 마음에 '구독'과 '좋아요'를 눌러댔다. 퇴사하니 시간마저 여유로워져 유튜브도 마음껏 보게 되었고, 유명 유튜버가 추천하는 주식도 샀다. 넘치는 정보 속에서 판단이 흐려지는 것도 눈치채지 못한 채. 이 사람이 나와

이게 좋다 하면 솔깃, 저 사람이 나와 저게 좋다 하면 또 솔깃해서 제대로 알아보지도 않았다. 시장은 이미 변곡점을 맞이하여 하락 추세로 넘어가는 중이었는데.

※

 주식 시장이란 시나리오대로 흘러가는 것이 아니기에 손해가 발생하기도 한다. 은행 직원이 추천해서 가입했더니 이 모양이라며 제기하는 민원에 난감한 적도 있었지만, 투자상품이란 결국 본인이 판단하는 것이기에 마이너스를 회복시킬 순 없는 노릇이다. 그런 광경을 수없이 봐왔으면서 정작 마이너스가 난 종목을 추천한 유튜버가 원망스러웠다. 아무리 좋은 종목을 추천해도 제대로 알아보지 않고 선뜻 투자한다는 것이 얼마나 바보 같은 일인가 말이다.

 주식 시장이 가장 선호하지 않는 것은 불확실성이다. 예측할 수 있는 금리의 흐름이나, 유동성 공급이 있어도 갑작스러운 자연재해가 일어나기도, 우크라이나와 러시아, 이스라엘과 하마스 같은 전쟁이 발발하기도 하고 가끔 어이없는 금융사고도 일어난다. 이런 불확실성 때문에 시장을 100% 예상할 수 없고 FOMC 회의 분위기, 미국 국채 금리, 환율 흐름, 금통위 결과와 같은 변수가 발생하면 적절하게 피보팅해야 하는 것을 누구보다 잘 알고 있으면서도 정작 성급한 매수 버튼이라니.

은행에서 파는 보험 상품을 '방카슈랑스'라고 하는데 보험사마다 은행을 방문하며 보험사의 상품을 안내하고 판매 전략도 알려주시는 보험사 마케터들이 있다. 많은 은행 지점을 다니다 보니 종종 인근 경쟁 은행의 현장을 알려주는 소식통이 되기도 하는데 다른 은행 근황을 들을 기회이기도 했다.

"A은행에 펀드를 정말 잘 파는 직원이 있거든요. 그분이 레버리지 상품 많이 팔아서 수익 나면 빼고 또 가입 권유하고 그랬대요. 실적이 좋아서 이번에 승진도 하셨더라고요!"

지수가 떨어지면 지수연동 레버리지 상품을 추천하고 수익이 나면 팔기를 반복해서 고객 수익과 본인의 영업 실적을 모두 확보했다는 거다. 지수가 1배 움직일 때 상품의 수익은 약 2배로 움직이는 2배 레버리지 상품에 말이다. 수익이 2배가 되기도 하지만 반대로 위험도 2배 되는 상품에.

※

레버리지 상품은 마켓타이밍●에 착안한 대표적인 상품이다. 시황이 예측한 대로 전개된다면야 더할 나위 없이 좋겠지만 그럴 리 없으니, 투기에 가깝다. 가격이 싸졌으니? 지수가 빠졌으니? 시장이 급변하는데 지수가 빠졌다면 그만큼 회복 탄력성이 좋지 않다는 것이고 예측 불가한 방향으로 등락을 거듭할 것이다. 말하자면 물릴 확률이 높다. 러시아가 우크라이나를 침공했을 때 러시아 지수가 빠지자 일부 투자자들이 러시아에 투자했

● 마켓 상황을 보고 좋은 타이밍에 들어가는 투자기법.

는데 거의 모든 나라가 경제 제재에 동참하며 결국 엄청난 마이너스를 기록했다.

누구나 가치 있는 자산을 싸게 사고 싶어 한다. 미국에 사는 한 어린아이도 궁금했나 보다. 아이는 당대 최고의 투자가이며 '오마하의 현인'이라 칭송받는 워런 버핏에게 질문했다.

"어느 종목에 투자하면 좋을까요?"

워런 버핏이 말했다.

"너는 아직 어리고 무한한 가능성이 있으니 다른 어떤 주식보다도 너 자신에게 투자하는 게 현명할 것 같구나!"

나에게도 해당할까? 자신에게 투자하라는 워런 버핏의 대답이? 퇴사는 했고 실업 급여도 끊겼다. 돈을 못 벌다니! 존재감이 없는 것처럼 여겨졌다. 이런저런 투자를 해서 벌면 되겠다고 생각하다 중심을 잃었다. 그제야 단돈 100원을 벌더라도 나에게 승부를 걸어야 한다던 내가 쓴 책 주인공들이 떠올랐다. 월급만 바라보며 하루하루 버티는 수동적인 삶의 방식을 버리고 자신의 인생을 좀 더 주도적으로 만들어 나가라고 했던 VIP 고객의 인생 충고. 심지어 내가 쓴 책에 나오는 구절인데도 잊고 있었던 인생 충고. 성장 가능성이 큰 어린아이도 아니고 한창 호기롭게 젊음을 누릴 나이도 아니며 더군다나 퇴사까지 해버린 보잘것없는 아줌마에 불과하지만, 여전히 자신에게 투자하는 것이 현명한 투자일 것 같다는 생각이 든다. 워런 버핏이 말하지 않았나. 나에게 투자하는 건 다른 자산과 달리 아무도 세금을 부과하거나 훔쳐 갈 수 없는 가장 큰 자산이라고!

다시 나에게 투자해야겠다.

왜 하필 책방

"왜 하필 책방이야?"

"왜 하필 책방이냐고 물어보면 뭐라고 대답해야 할지 모르겠는데. 좋아서 하는 건데 왜냐고 물으면 좋아서라고 하는 수밖에."

"아니, 내 말은 좋아서 한다고 해도 돈 안 되면 안 되잖아. 자영업을 꼭 해야겠으면 차라리 다른 걸 해."

"으응? 다른 건 생각해 본 적도 없고, 생각하고 싶지도 않아. 책방이니까 하는 거지."

"참나, 비싼 취미도 가지셨네. 돈을 못 벌면 고상한 취미도 계속할 수 없는 거야. 하긴 취미란 게 원래 돈이 많이 들지."

'제 입에서는, 고기를 씹을 때 홍시 맛이 났는데 어찌 홍시라 생각했느냐 하시면 그냥, 홍시 맛이 나서 홍시라 생각한 것이온데.'

문득 대장금 대사가 떠오른다. 책방이 좋아서 자영업을 하겠다고 한 건데 자영업을 하려면 책방 말고 다른 걸 하라니. 다른 걸 하는 건 아무 의미도 없는데 말이다. 내 결정에 이래라저래라 개입하는 이 친구는 인생에 관여해도 될 만큼 절친이긴 하다. 친구는 절약 정신이 투철해 허투루 돈을 쓰는 일이 없었다. 절약과 저축을 반복한 끝에 수년 전 허름한 다가구 주택을 매입했고 최근 다가구를 허물고 새롭게 건물을 올려 소위 건물주가 되었다. 쓰러져 가는 다가구 안팎이 수시로 고장이 날 때도 인건비가 아깝다며 늘 직접 수리했다. 친구는 치열했고 철저했다. 그런 친구 눈에 고상한 취미 정도로 보이지 않는 책방이 곱게 보일 리 없었다.

"퇴사하면 책방을 꼭 해보고 싶어요."

"아휴, 책방 안 돼요. 진짜 힘들어요. 책방은 건물주나 돼야 할 수 있는 거예요. 그래야 유지할 수 있거든요."

언젠가 출판사 편집장님께 책방 이야기를 불쑥 꺼냈더니 책방은 열이면 열 폐업을 한다고 했다. 출판업계에 계신 분까지 그리 얘기하니 정말 힘든가 싶다가도 미련은 미련대로 남아 책방에 관련된 책을 닥치는 대로 읽었다. 과연 막연하게 동경하던 책방과 현실에는 괴리가 있었다. 출판 서점 유통 환경까지 꼼꼼하게 써 내려간 한미화 출판평론가님의 〈동네 책방 책방 탐구〉를 읽고 나니 덜컥 책방을 냈다가 일 년도 안 되어 망하겠다 싶다. 책방을 하면 약 백만 원의 임차료, 수십만 원의 관리비, 각종 유지비용을 포함해 적어도 매달 백삼사십만 원은 필요한데 만 오천 원짜리 책을 삼백 권 팔면 임차료와 관리비를 낼 수 있겠다. 인건비 같은 건 생각할 수도 없고 말이다. 그런데 매달 삼백 권의 책을 팔 수 있을까? 삼백 권이 웬 말인가, 삼십 권도 힘들겠다.

※

그럼에도 집 근처 산책하러 갈 때마다 맘에 드는 자리가 보이면 마음속으로 찜해두었다. 여긴 월세가 얼마일까? 유동 인구는 어느 정도 될까? 여기 들어오려는 사람이 또 있을까? 여긴 어떨까, 저긴 어떨까, 둘러보다 마음에 드는 장소라도 나타나면 비어 있는 공간을 도화지 삼아 머릿속으로 천장까지 닿는 책장도 그려보고 길고 커다란 테이블도 그려보았다. 그러다 어느 날 찜해둔 공간에 새 가게가 들어오는 걸 보면 당장 무언가를 하리란 구체적인 계획도 없으면서 자리를 뺏긴 듯 아쉬웠다. 그러던 어느 날, 용기를 내어 부동산에 들어섰다. 그날은 마음속 어디선가 확신이 든 날이었다.

"사장님, 자리 하나를 보고 있어요. 책방 하려고요. 이 라인 중에 제일 작은 곳은 월세가 얼마 정도 될까요?"

"책방이요? 서점 말씀하시는 건가? 북카페 같은 건가요?"

"아니요. 북카페 아니고 책방이요."

책방에 힘을 주어 말했다. 책이 주인공이 되어 반짝반짝 스포트라이트를 받는 책방 말이다. 사장님은 그게 책방이든 북카페든 상관없다는 투로 말씀을 이어 나가셨다.

"이 동네엔 그런 게 없으니까 감성적인 분위기의 북카페가 들어오면 아기자기하고 좋을 것 같네요. 월세는 얼마 정도 생각하세요?"
"무조건 싸면 좋겠어요. 책 팔아서 돈 벌기는 힘들 것 같아서요."
"아, 아무래도 그렇죠. 근데 최근에 지하철이 개통되면서 월세가 좀 올랐어요."

사장님이 말씀해 주시는 월세로 계산해 보니 책 3백 권으로도 안 될 것 같다. 이대로 책방은 영영 포기해야 하는 걸까. 차라리 이자를 내는 건 어떨까? 20년 은행 생활 보상으로 받은 퇴직금을 탈탈 털어 대출을 더 받고 상가를 매입한다면 승산이 있지 않을까? 상가를 사도 계산기를 두드려 보면 적자가 날 가능성이 매우 높다.

이 지역 상권은 아직 활성화되지도 않았고 분양도 채 안 된 상가도 많이 남아 있다. 그러던 중 건설사 보유분 상가를 할인한다는 이야기를 듣게 되었다. 그만큼 처분이 어려우니 할인까지 해주며 팔겠다는 건데 덜컥 미끼를 물게 되었다.

※

재미있게 읽었던 〈서울 자가에 대기업 다니는 김 부장 이야기〉에 나온 김 부장이 떠오른다. 김 부장처럼 당분간 가격이 올라갈 기미도 없는 지역에 아파트 단지 내 구분 상가를 사겠다고 작정하다니. 금리 인상기에 대출받고 돈 안 되는 책방을 하겠다니 무모하고 미친 짓. 하지만 한 번쯤 해보지 않고는 안 되겠다.

'만약 자신의 꿈을 주변에 이야기했을 때, 무모하다거나 미쳤다는 반응을 마주하게 된다면 기뻐해도 된다. 그런 반응들은 자신에게 변화가 시작되었음을 의미한다. 변화의 싹이 트기 시작해야만 비로소 도전할 용기도 생긴다. 세상이 정한 기준을 위해 달리지 않고 자신만의 기준을 위해 달리면 평범한 삶이 아닌 더 나은 자신만의 삶을 살 수 있다.'

이렇게 내 책에 직접 쓰지 않았던가. 결국 20년 넘게 모은 퇴직금을 수익구조가 막막한 동네 책방 따위 하려고 아파트 구분 상가에 투자했다. 내 퇴직금은 이런 결말을 맞이했다. 〈서울 자가에 대기업 다니는 김 부장 이야기〉에 나온 무지한 김 부장이 되어버린 꼴. 그렇게 동네책방 〈그래더북〉이 탄생했다.

그래도 책.
그래, The Book

요즘은 종이책을 잘 안 읽지만 그래도 여전히 책을 읽어보자는 의미를 담아 그래더북이라는 예쁜 이름도 지었다. 책을 통해 자신을 바라보는 시간을 가지고 위로받고 잘 살기 위해서. 자영업은 처음이라 매일매일 상상 불가의 세계에 놀라워하고 힘들어하고 뿌듯해하고 실망

왜 하필 책방이야?

하기를 반복하면서. 매일 책 한 권도 못 파는 날도 많으면서 위로라면 머릿속으로 상상하는 모든 걸 실현해 볼 수 있다는 걸까. 한 번쯤 해보고 싶었던 다양한 챌린지, 저자분들과의 북토크, 감성이 통하는 사장님들과 연대한 벼룩시장, 독서 모임.

 무엇보다 육아 고민을 하며 힘들었던 월급쟁이 시절보다 시간이 자유로운 워킹맘. 자영업 워킹맘으로 돌아왔다. 남들이 보기에는 어처구니없는 도전이고 돈 안 되는 책방. 20년 은행 생활과 맞바꾼 퇴직금이 책방 하겠다고 고작 미분양 아파트 구분 상가를 사는데 들어갔지만, 그것도 돈까지 더 빌려 가면서 말이다. 나에게는 다른 어떤 투자보다 가치 있는 투자다. 도전하지 않으면 실패할 일도 없지만 도전하지 않으면 꿈을 실현할 일도 없으니 현명한 투자라고 믿는 수 밖에.

에필로그

이 책에는 퇴사 전 2년, 퇴사 후 3년, 합계 5년이라는 긴 방황의 시간을 담았습니다. 퇴사하고도 은행에서 일하며 돈 세는 꿈을 꾸기도, 성과를 못내 불안해하는 꿈을 꾸기도 했는데 마침내 긴 여행의 마침표를 찍은 것 같아 홀가분합니다. 퇴사도 어려웠지만, 퇴사 후 시간도 생각보다 쉽지 않았기에 꽤 오래 적응해야 했습니다. 엄마로서 아이와 가정을 좀 더 충실하게 돌보고 싶은 마음이면에, 여전히 사회적으로 인정받고 능력을 발휘하고 싶은 욕심도 있었기 때문이겠죠.

워킹맘을 접고 '온전한 엄마'가 된다는 사실에 불안과 걱정이 없었다면 거짓말일 것입니다. 다만 저처럼 퇴사해야만 엄마의 역할에 충실한 것도 아니고, 계속 일을 하고 있다고 해서 엄마의 의무를 다하지 못하는 건 아닌가 죄책감을 가질 필요도 없다고 생각합니다. 성숙한 엄마라면 어떤 위치에서든 자신의 역할을 충실히 해낼 수 있을 테니까요. 그러기 위해서 무엇보다 자신을 아끼고 보살필 줄 아는 사람이 되었으면 하는 마음에서 책을 출간하게 되었어요. 오늘도 새벽같이 출근 중인 많은 워킹맘과 공감하고, 위로를 주고받고 싶었거든요.

출간 준비를 하면서도 많은 변화가 있었습니다. 생각만큼 동네 책방 운영이 쉽지 않아 결국 책방 운영을 포기해야 하는 어려움도 겪었고, 귀엽기만 했던 둘째 아이는 어느덧 제법 반항도 할 줄 아는 초등학생 6학년이 되었어요. 초등학교 고학년을 정서적으로 힘들게 보낸 큰아이는 중학 3년이라는 시간 동안 안정감을 찾으며 원하는 길을 찾는 보람도 있었습니다. 아이의 바람대로 미술 공부를 마음껏 하게 되었거든요.

긴 터널에서 언제 빠져나올 수 있을까 싶을 때도 많았어요. 반복되는 일상에 변화가 있을까 싶지만, 가끔 차 한 잔의 여유를 가지며 나의 마음에 귀 기울여본다면 조금씩 달라진 일상이 만들어질 거라 믿어요. 엄마 마음이 편안해지면 아이를 돌볼 여유도 생기구요. 꼭 무언가를 이루지 않더라도 나를 아낄 수 있는 사람이 된다면 그걸로도 충분한 거 아닐까요?

오늘도 집으로 출근하는 세상 모든 엄마를 응원합니다!

퇴사가 늦어서 미안해

초판 1쇄 발행 2024년 5월 7일

지은이   고미숙
일러스트 권냥이
펴낸이   고미숙

펴낸 곳   그래더북
출판등록 2024년 1월 4일 제2024-000007호
주소   경기 화성, 동탄첨단산업2로 14
이메일   jonneko@naver.com

디자인   육일구디자인
인쇄   영신사

ISBN   979-11-986794-0-6 03800
가격   14,000원